# Di
# Yoga und Ayurveda

## Das Handbuch für die Nasenspülung und Pranaheilung

WINDPFERD

**Wichtiger Hinweis:** Die in diesem Buch vorgestellten Informationen sind sorgfältig recherchiert und wurden nach bestem Wissen und Gewissen weitergegeben. Dennoch übernehmen Autor und Verlag keinerlei Haftung für Schäden irgendeiner Art, die direkt oder indirekt aus der Anwendung oder Verwendung der Angaben in diesem Buch entstehen. Die Informationen in diesem Buch sind für Interessierte und zur Weiterbildung gedacht und sollten keinesfalls ärztlichen Rat und Hilfe ersetzen.

Titel der Originalausgabe: *Neti: Healing Secrets of Yoga and Ayurveda*
Originalverlag: Lotus Press, Twin Lakes, WI, USA


1. Auflage 2005

Umschlaggestaltung: Kuhn Grafik, Digitales Design, Zürich
Zeichnungen im Innenteil: Peter Ehrhardt
Lektorat: Suse Weber
Aus dem Amerikanischen übersetzt von: Martin Rometsch
Gesamtherstellung: Schneelöwe Aitrang
www. windpferd.de
ISBN 3-89385-452-5

Printed in Germany

# Inhalt

# Vorwort

Heute gibt es in fast jedem Ort – egal ob groß oder klein – Yogakurse. Immer mehr Menschen wollen gesünder, vitaler und bewusster leben. Dieses Streben ist zu einem wichtigen Teil unserer Kultur geworden. Darum erforschen wir unter anderem auch verschiedene Methoden der Entschlackung und inneren Reinigung. Wir dürfen nicht erwarten, gesund zu werden, solange unser Körper mit Giften und Krankheitserregern vollgestopft ist. Die innere Reinigung ist wahrscheinlich der erste Schritt zu einem gesünderen Leben. Notwendig sind nicht nur Entschlackungstherapien, sondern auch tägliche, hygienische Maßnamen, die wir alle anwenden können.

Eine gute Möglichkeit bietet die Neti-Kanne. Sie ist ein altes Hilfsmittel der Yogis, das für Nasenspülungen benutzt wird. Heute verwenden nicht nur Anhänger des Yoga dieses Gerät, sondern auch viele Menschen, die sich für Kräuter, Massage und andere alternative Heilverfahren interessieren. Bisher gab es kein leicht verständliches Buch, das dieses wichtige Hilfsmittel und seine tägliche Anwendung, auch bei Krankheiten, erklärt.

Deshalb habe ich dieses Büchlein geschrieben. Ich verfolge damit zwei Ziele: Zum einen möchte ich die Neti-Kanne und ihre Anwendung innerhalb der täglichen Grundhygiene beschreiben, auch für jene Leserinnen und Leser, die diese alte Methode der Nasenspülung noch nicht kennen.

Zum anderen wendet sich das Buch an Fortgeschrittene, die wissen wollen, wie sie die Neti-Kanne zusammen mit Kräutern und Ölen oder neben anderen Heilverfahren nutzen können, um bestimmte Krankheiten zu behandeln. Diese Informationen sind vor allem für Ärzte, Heilpraktiker, Yogalehrer und Ayurveda-Therapeuten hilfreich.

Um aufzuzeigen, welche Bedeutung die Nasenspülung im Yoga und im Ayurveda, der indischen „Yoga-Heilkunst" hat, habe ich mich bemüht, die Grundlagen des Yoga und Ayurveda so zu erläutern, dass auch Anfänger sie verstehen.

Ayurvedische Therapeuten empfehlen die Neti-Kanne oft als Bestandteil einer gesunden Lebensweise zur Vorbeugung gegen Krankheiten und zur Steigerung der Energie. Viele verkaufen diese Geräte sogar.

Zur Ergänzung und Vertiefung dieses Themas eignen sich meine anderen Bücher über ayurvedische Medizin, zum Beispiel *Yoga für Ihren Typ* und *Das große Handbuch des Yoga und Ayurveda*. Sie gehen ausführlicher auf die ayurvedische Auffassung vom Heilen und Yoga ein. Mehr über die in diesem Buch genannten Kräuter erfahren sie in *Die Ayurveda Pflanzen-Heilkunde*. Es enthält eine Liste der wichtigsten ayurvedischen und westlichen Kräuter und erklärt deren Anwendung. Pranayama (Yoga-Atemübungen) ist ebenfalls nützlich. Die notwendige Anleitung erhalten Sie von einem Yogalehrer oder von einem Ayurveda-Therapeuten.

Möge dieses Buch Ihnen helfen, sich gesund durchs Leben zu atmen!

Dr. David Frawley
Santa Fe, New Mexico, USA
März 2004

TEIL 1

# DIE NETI-KANNE UND WIE MAN SIE BENUTZT

# 1
# Die Neti-Kanne und die Nasenspülung

Sehnen Sie sich, wenn Ihre Nase wieder einmal verstopft ist, nach einer einfachen Methode, um die Atemwege frei zu machen? Vielleicht haben Sie die Nase mit Salzwasser gespült und dabei festgestellt, dass dies nicht wirksam genug war.

Zum Glück gibt es ein erprobtes Verfahren, das die Nasenhöhlen frei macht. Man benötigt dafür ein kleines Gefäß, das *Neti-Kanne* oder *Yoga-Neti-Kanne* heißt. Sie müssen nie mehr an einer verstopften Nase oder anderen Nasenbeschwerden leiden, und Sie brauchen auch keine Nasensprays mehr zu benutzen, die oft unerwünschte Nebenwirkungen haben.

Die Neti-Kanne ist ein kleines Gefäß (darum nennt man sie auch *Neti-Kännchen*), das speziell für die Nasenhöhlen entworfen wurde: für Nasenspülungen. Füllen Sie das Kännchen einfach mit lauwarmem Wasser, in dem etwas Salz gelöst ist, und führen Sie den Schnabel in die Nasenlöcher ein. Dann können Sie so viel Wasser durch die Nasenlöcher leiten, wie Sie wollen.

Die Neti-Kanne stammt aus Indien und wird dort seit Jahrtausenden angewandt. *Neti* bedeutete ursprünglich „führen“ oder „leiten“. Damit ist das Wasser gemeint, das Energie durch die Nasengänge leitet und sie dadurch öffnet.[1] Die Neti-Kanne wird seit langem von Yogis benutzt, vor allem um die Tiefenatmung zu erleichtern. Aber die Nasenspülung

[1] Das Wort darf nicht mit dem Ausdruck *neti, neti* („nicht dies, nicht das“) verwechselt werden. Er stammt aus der Yoga-Philosophie.

ist mehr als eine uralte Heilmethode; sie wird heute auch von vielen Ärzten und Naturheilern empfohlen. Die Neti-Kanne ist ein einfaches, zuverlässiges Instrument der persönlichen Hygiene, von dem wir alle profitieren können. Man bekommt sie nicht nur in Yoga-Zentren, sondern auch in Kräuter- und Naturkostläden sowie im Versandhandel.

Die Neti-Kanne besteht meist aus Keramik; aber früher gab es auch Kännchen aus Metall (siehe Abbildung). Das Gefäß gleicht einer kleinen Gießkanne und nimmt meist weniger als eine Tasse Wasser auf. Der Schnabel lässt sich bequem in die Nasenlöcher einführen.

Die Neti-Kanne ist ein nützliches Instrument, das man sogar auf Reisen mitnehmen kann. Viele Leute besitzen eine Kanne für ihre Reisen und eine weitere für zuhause. Man kann durchaus sagen, dass sie für die Reinigung der Nase ebenso wichtig ist wie die Zahnbürste für das Zähneputzen – sie gehört einfach zur täglichen Hygiene. Wer sie regelmäßig benutzt, kommt sich unsauber vor, wenn die Nasenspülung einmal ausfällt.

## Unsere Luft ist nicht mehr sauber

Selbst wenn Sie nur selten Probleme mit der Nase oder den Nebenhöhlen haben, können Sie von der Neti-Kanne profitieren. Unsere Nasengänge filtern die Luft, die wir im Laufe des Tages einatmen, und diese Luft ist bestimmt nicht von bester Qualität!

Die Nase ist vielleicht das Organ, das wir am häufigsten benutzen, und sie hat den unmittelbarsten Kontakt mit der Außenwelt sowie den Reiz- und Giftstoffen in der Luft. Die Nase filtert Staub, Pollen und die vielen Schadstoffe in der Luft, die wir oft nicht sehen und nicht einmal riechen. Außerdem muss die Nase mit trockener, feuchter, heißer oder kalter Luft fertig werden und sich an jedes Klima anpassen, einerlei, ob wir an der Küste, in der Wüste, im Gebirge oder anderswo leben. Jede Gegend stellt eine besondere Herausforderung dar. Die Nase muss sich auch auf Wetterwechsel einstellen, vor allem auf Wind, der plötzlich stark auffrischen kann, und auf jahreszeitliche Wetterumschwünge, die Erkältungen und Grippe auslösen können.

Die Luft in unseren Städten ist ein Problem für sich; unsere Wohnungen und Büros haben Heizungen und Klimaanlagen. Es gibt wohl kein anderes Organ, das sich so schnell derart vielen Einflüssen anpassen muss.

Denken Sie nur an den Smog, an den Rauch und an die Chemikalien, denen viele Menschen ausgesetzt sind, wenn sie Auto fahren oder in der Stadt wohnen. Zuhause, im Büro, in Geschäften und in Hotels gibt es ebenfalls Chemikalien, künstliche Duftstoffe und umgewälzte oder stagnierende Luft. Meist müssen wir also Luft einatmen, die man nicht als ideal bezeichnen kann. Die Nasengänge stehen unter starkem Stress und werden fast ständig von vielen künstlichen Substanzen attackiert, mit der die Natur nie gerechnet hat. Ihre zahlreichen natürlichen Aufgaben kommen noch dazu.

Viele Menschen leiden wegen der schlechten Luft an Atembeschwerden. Die Liste der möglichen Folgen ist lang: Sie reicht von Müdigkeit und leichten Depressionen bis zu schweren Krankheiten. Selbstverständlich sind die Nebenhöhlen als Erste von der schlechten Luft betroffen. Kranke Nebenhöhlen lösen oft Schmerzen aus, vor allem Kopfschmerzen, die unsere Lebensqualität erheblich beeinträchtigen können. Außerdem reduzieren Schmerzen die Arbeitsleistung, die Freude am Spiel und den Energiepegel. Manchmal sind Nebenhöhlenbeschwerden leicht erkennbar, aber sie werden auch häufig übersehen oder nachlässig behandelt.

## Schleim bildende Nahrungsmittel

Neben den äußeren Ursachen für Nasen- und Lungenbeschwerden gibt es ebenso wichtige innere Ursachen. Die wichtigste ist die moderne Ernährung, die viele Schleim bildende Nahrungsmittel enthält, zum Beispiel Milchprodukte, Brot, Gebäck, Süßigkeiten, Fette und gebratene Speisen. Alles, was zu süß, zu salzig oder zu fett ist, bildet Schleim.

Fast Food fördert die Schleimbildung im Körper ebenfalls, ebenso Völlerei, weil unverdautes Essen sich in Schleim verwandelt. Speisen, die nicht zueinander passen – etwa Süßes und Eiweiß – haben die gleiche Wirkung.

Auch viele Getränke bilden Schleim. Am schlimmsten sind Limonaden, aber auch Milch und Fruchtsäfte sind während der Mahlzeiten nicht zu empfehlen. Eiskalte Getränke verstärken die Schleimbildung immer.

Am meisten Schleim bildet sich im Kopf, weil seine Schleimhäute von Natur aus Sekrete absondern, um die Nasengänge und Nebenhöhlen zu schützen und die eingeatmete Luft zu reinigen. Zu viel Schleim verstopft die Nebenhöhlen und behindert die Atmung ebenso schlimm wie Schadstoffe aus der Luft. *Wenn wir Schleim bildende Nahrungsmittel essen und obendrein schlechte Luft atmen, potenzieren wir sämtliche Probleme.* Wenn wir dann noch fast den ganzen Tag sitzen, ist unser gestörter Kreislauf unfähig, Schleim zu beseitigen. Zu viel Sitzen oder Liegen führt zu körperlicher und geistiger Stagnation.

Viele Menschen arbeiten am Computer und brauchen dafür einen klaren Kopf. Die Energie ist den ganzen Tag im Kopf und in den Augen konzentriert, wodurch die Belastung der Nebenhöhlen steigt. Es ist daher nicht verwunderlich, dass die „moderne Mischung" – unreine Luft, falsche Ernährung, Bewegungsmangel und zu viel Kopfarbeit – die Gesundheit der Menschen gefährdet. Und die Gefahr beginnt in der Nase.

Hinzu kommt, dass viele Menschen an einer defekten Nasenscheidewand, Allergien oder anderen Beschwerden leiden, welche die Nase selbst unter optimalen Bedingungen daran hindern, ihre Aufgaben zu erfüllen.

## Die Neti-Kanne schützt die Nase

Wir säubern oder wechseln regelmäßig die Filter am Staubsauger und an anderen Maschinen, aber wir vernachlässigen den wichtigsten Filter des Körpers: die Nase. Die Neti-Kanne hilft uns, diesen Filter zu reinigen, so dass er besser arbeiten kann. Der Schleim, der durch schlechte Ernährung oder falsche Lebensweise entsteht und sich im Kopf ansammelt, wird dabei entfernt.

Die Neti-Kanne ist ein wichtiges und hochwirksames Werkzeug zur Säuberung der Nasengänge. Sie ist jedem Menschen zu empfehlen, der die Sinne schärfen und die Gesundheit, das Denkvermögen und die allgemeine Vitalität verbessern möchte. Neti fördert den Fluss der Lebenskraft im Geist, in den Sinnesorganen, im Herzen, in den Atemorganen, im Kreislauf und in den Nerven.

Jeder profitiert von der täglichen Anwendung der Neti-Kanne, am besten morgens gleich nach dem Aufstehen. Das ist besser als eine Tasse Kaffee oder heißer Tee, mit der wir versuchen, wach zu werden, den Geist anzuregen und den Alltag zu bewältigen. Wenn Sie die Neti-Kanne ein paar Tage lang ausprobiert haben, bleiben Sie wahrscheinlich Ihr Leben lang dabei und fragen sich, wie Sie jemals ohne dieses Kännchen auskommen konnten.

Sind Sie morgens müde? Haben Sie Atemprobleme? Ist Ihre Zunge belegt? Das alles sind Anzeichen dafür, dass eine Nasenspülung mit der Neti-Kanne Ihnen nützen wird.

## Entschlacken, abnehmen und jünger werden

Yogis und Yogaschüler benutzen die Neti-Kanne regelmäßig – sie gehört zur yogischen Lebensweise. Außerdem sollte sie jeder ausprobieren, der aus Yogapositionen, Atemübungen und Meditation Nutzen ziehen möchte. Aber ihr Wert geht weit über Yoga hinaus.

Nur wenige Menschen leiden nie unter verstopften oder trockenen Nasengängen oder Kopfschmerzen. Das alles lässt sich mit der Neti-Kanne behandeln. Bei akuten Krankheiten wie Schnupfen, Grippe, Asthma und Lungenbeschwerden ist die Neti-Kanne ebenfalls wirksam; aber in diesen Fällen setzt ihr Einsatz mehr Umsicht und Fachwissen voraus.

Die Neti-Kanne fördert die Ausscheidung von Schleim aus dem ganzen Körper, also auch aus der Nase und ihren

Nebenhöhlen. Sie setzt einen Prozess in Gang, der die Atmung, den Energiekreislauf und infolgedessen auch die Verdauung und alle anderen körperlichen Systeme verbessert. Bei verstopften Lymphkanälen ist die Neti-Kanne ebenfalls ein wichtiges Hilfsmittel.

Da die Neti-Kanne Schleim beseitigt und den Kreislauf anregt, unterstützt sie auch die Entschlackung. Sie ist einfacher anzuwenden und ebenso wirksam wie Einläufe, Leberentgiftungen und die vielen anderen Entschlackungstherapien, die heutzutage beliebt sind. Natürlich kann sie deren Wirkung auch verstärken. Wir sollten nie vergessen, auch die Nasengänge zu säubern, wann immer wir andere Organe und Körpersysteme – zum Beispiel den Verdauungskanal – entschlacken wollen.

Wenn Sie abnehmen möchten, ist die Neti-Kanne ebenfalls nützlich, weil sie den Energiepegel anhebt und den Kreislauf stabilisiert. Verstopfte Nasengänge rauben uns Energie, lähmen den Kreislauf und die Verdauung. Die Folge sind Gewichtszunahme und Schlackenansammlungen im Körper. Die Neti-Kanne ist also eine vorzügliche Ergänzung jeder Diät.

Die Neti-Kanne eignet sich für alle, die geistig oder körperlich mehr leisten wollen. Bei Sport und Freizeitaktivitäten profitieren Sie von gesünderen Atemwegen. Wer bei körperlichen Anstrengungen durch den Mund atmen muss, braucht Nasenspülungen, und wer geistig, künstlerisch oder kreativ tätig ist, freut sich über schärfere Sinne. Die Neti-Kanne bringt frische Luft in den Kopf, so dass das Gehirn besser arbeiten kann.

Die Neti-Kanne unterstützt zudem Verjüngungstherapien und bremst den Alterungsprozess. Wenn wir mehr Energie und eine größere Atemkapazität haben, leben wir auch länger. Saubere Atemwege tragen ferner dazu bei, seelische Blockaden zu beseitigen, die unsere Lebensqualität mindern. Emotionale Störungen wie Wut, Furcht, Sorgen, Reizbarkeit und Depressionen hängen oft mit schlechter Atmung und verstopften Nasengängen zusammen. Wenn wir die Nase mit der Neti-Kanne befreien, steigern wir somit auch das seelische Wohlbefinden und werden mit emotionalen Problemen leichter fertig.

Wir verlassen uns viel zu sehr auf Medikamente und klinische Therapien, anstatt unsere Gesundheit durch eine vernünftigere Lebensweise zu verbessern. Die Neti-Kanne hilft uns, unabhängiger zu werden. Sie kann zwar den Arzt oder Heilpraktiker sowie notwendige Arzneien nicht ersetzen, aber sie erleichtert den Verzicht auf unnötige Behandlungen. Die Anwendung der Neti-Kanne ist eine kleine Mühe, die sich auf jeden Fall lohnt. Im Gegensatz zu manchen Medikamenten und medizinischen Therapien ist sie ungefährlich und hat keine nennenswerten Nebenwirkungen.

## Auch Sie können von der Neti-Kanne profitieren

Das folgende Experiment zeigt Ihnen, dass auch Sie von der Neti-Kanne profitieren können: Atmen Sie tief, zuerst durch beide Nasenlöcher gleichzeitig, dann durch jedes Nasenloch einzeln (schließen Sie dabei das andere Nasenloch durch Druck mit dem kleinen Finger). Wenn Sie irgendwelche Blockaden spüren oder die Atmung irgendwie behindert wird, sollten Sie die Nase mit einer Neti-Kanne reinigen.

Tagsüber sind die Nasengänge meist frei. Machen Sie das Experiment daher morgens vor dem Aufstehen und abends vor dem Schlafengehen – das sind die beiden kritischen Zeitpunkte! Aber die Tageszeit ist nicht entscheidend. Einerlei, wann Sie Probleme haben, die Neti-Kanne kann Ihnen helfen. Es gibt nur sehr wenige Menschen, bei denen das nicht der Fall ist.

Wenn Sie häufig schnäuzen müssen, verringert die Neti-Kanne dieses Bedürfnis erheblich. Auch wenn die Nase läuft oder Schleim in den Hals fließt, sind Nasenspülungen ratsam. Viele Menschen haben danach das Gefühl, zum ersten Mal seit langem wieder frei zu atmen und neue Energie zu besitzen.

*Wie wichtig ist die tägliche Reinigung der Nase im Vergleich zum regelmäßigen Zähneputzen?* Sie ist wahrscheinlich noch wichtiger, weil wir nur ein paar Mal am Tag essen, aber unaufhörlich atmen, und weil die Nasenspülung nicht nur hygienischen Wert hat, sondern auch unsere Energie steigert.

Die Gesundheitskosten in unserem Land steigen rapide. Auch aus diesem Grund ist die Nasenspülung mit der Neti-Kanne eine sinnvolle Maßnahme, die wenig Geld und Mühe kostet.

# 2
# Einführung in den Yoga

Um den Wert der Neti-Kanne noch besser zu verstehen, wollen wir uns mit der uralten Heilkunst befassen, die dieses Instrument einführte. Die Neti-Kanne ist in Indien seit hunderten, wenn nicht tausenden von Jahren bekannt. Sowohl der Yoga als auch das mit ihm verwandte Ayurveda kennen zahlreiche Methoden der inneren – körperlichen und seelischen – Reinigung. Die Neti-Kanne ist eines der Hilfsmittel, die diesen Prozess und somit das körperliche, seelische und geistige Wohlbefinden fördern.

Yoga entstand ursprünglich als ein vollständiges System der menschlichen Entwicklung, das Körper, Atmung, Sprache und Geist so zu harmonisiert, dass der Mensch sein gesamtes persönliches Potenzial nutzen und darüber hinaus mit dem Universum eins werden kann. Die Yogaübungen beginnen mit dem Körper, denn dies ist der erste Schritt auf dem langen Weg zum inneren Wachstum und zur Entdeckung des wahren Selbst, das kosmischer Natur ist.

Der klassische Yoga entwickelte in acht Schritten ein umfassendes System der inneren Transformation – vom materiellen Körper bis zum höchsten Bewusstsein.[2] Diese acht Schritte sind:

1. Die richtigen Werte im Leben (Yama)
2. Die richtige Lebensweise (Niyama)
3. Yogastellungen (Asanas)

---

[2] Mehr darüber finden Sie in den *Yogasutras* von Patanjali, vor allem im zweiten Abschnitt.

4. Yoga-Atmung (Pranayama)
5. Beherrschung der Sinne (Pratyahara)
6. Konzentration (Dharana)
7. Meditation (Dhyana)
8. Erleuchtung (Samadhi)

Diese acht Schritte des Yoga beginnen mit zwei zusammengehörenden Grundsätzen: richtige Werte im Leben und richtige Lebensweise (im Sanskrit *yama* und *niyama).* Dazu gehören körperliche und geistige Reinheit – auch beim Denken und Reden –, ein ethisch einwandfreies Leben und ein verantwortungsbewusster Umgang mit den Menschen und der Natur. Gesunde Ernährung gehört ebenfalls zur richtigen Lebensführung. Wenn wir diese Regeln einhalten, weitet sich unser Bewusstsein und wir können dazu beitragen, die eigenen Leiden und die aller Geschöpfe zu lindern.

Richtige Werte im Leben sind Gewaltlosigkeit, Wahrhaftigkeit, verantwortungsbewusster Umgang mit der Sexualität, Respekt vor fremdem Eigentum und Großzügigkeit. Selbstdisziplin, Selbsterkenntnis, Hingabe an Gott, Reinheit (auch der Nahrung) und Zufriedenheit gelten im Yoga als Tugenden. In diesen Rahmen passen die reinigenden Methoden des Yoga und Ayurveda, einschließlich der Nasenspülung und der vegetarischen Kost.[3]

Als dritten Schritt entwickelten die Yogis spezielle Positionen oder Stellungen (Asanas), um den materiellen Körper zu harmonisieren. Diese Übungen lindern Stress und entfernen Schlacken aus Gelenken, Muskeln und Knochen. Außerdem kräftigen sie die Verdauungsorgane und den Kreislauf und steigern die Anpassungsfähigkeit und die Geschmeidigkeit. In Yogakursen

[3] Sie fördert nicht nur die Gesundheit und die Bewusstheit, sondern verringert auch die Gewalt auf dieser Welt.

werden Dutzende von Asanas gelehrt, und für viele Menschen sind sie das Tor in die Welt des Yoga und die Grundlage körperlicher Gesundheit und müheloser Bewegungen. Asanas helfen, die Organe des Körpers zu reinigen, und unterstützen alle üblichen Entschlackungsmethoden.

Sobald wir den Körper durch Yoga harmonisiert haben, können wir die Atmung und die Lebenskraft durch spezielle Übungen fördern. Dieses Pranayama ist der vierte Schritt im Yoga. Pranayama vergrößert die Lungenkapazität, stärkt das Herz und hilft, negative Gefühle und Gedanken loszuwerden. Die Übungen verbinden unsere Lebenskraft mit der heilenden kosmischen Lebensenergie. Warum die Neti-Kanne ein wichtiges Werkzeug bei der Vorbereitung des Körpers auf das Pranayama ist, erläutere ich in Kapitel sechs.

Nur wenn der ganze Organismus harmonisch arbeitet, können wir unsere Sinne beherrschen. Dabei helfen Übungen, die Pratyahara heißen – der fünfte Schritt im achtfachen Yoga. Dadurch werden die motorischen Organe entspannt, so dass sie die Sinnesorgane nicht mehr übermäßig reizen. Aufgeregtheit und Nervosität weichen der Harmonie und dem Mitgefühl. Das ist besonders wichtig für die Heilung der Seele und des Geistes, denn in unserer modernen Welt leiden viele an Stress und unter der Informationsflut.

Sobald der Körper harmonisiert ist, können wir den Geist durch Konzentration (Dharana), Meditation (Dhyana) und das Erlangen der Erleuchtung (Samadhi) beherrschen und entwickeln. Das sind die letzten drei und zugleich die wichtigsten Schritte im Yoga.

Dharana ist zum Beispiel die Konzentration auf ein Mantra oder ein geometrisches Muster (Jantra). Das schärft die Aufmerksamkeit und die Fähigkeit, die Kräfte des Geistes zu bündeln und auf ein einziges Ziel zu lenken. Wir können den

Geist ebenso trainieren wie einen Muskel! Dank der yogischen Konzentration können wir unsere Aufmerksamkeit voll und ganz einem Problem zuwenden, mit dem wir uns auseinander zu setzen haben, denn sie verschafft uns den inneren Raum, den wir brauchen, um Schwierigkeiten zu überwinden.

Meditation (Dhyana) und die Hingabe an Gott oder das höhere Selbst lenken diese konzentrierte Bewusstheit in die richtige Richtung, so dass sie ihre bisherigen Grenzen sprengen kann. Tief sitzende Traumas, negative karmische Muster und egoistische Fixierungen im Unbewussten lösen sich auf, und wir können voll bewusst durchs Leben gehen und allen lebenden Wesen helfen.

Letztlich führt Yoga uns zur Erleuchtung, zur Einheit (Samadhi), einem Zustand, in dem wir die Wahrheit über uns selbst und die Welt erkennen und verstehen. Dann begreifen wir, dass alle Menschen und die ganze Natur verschiedene Facetten unserer eigenen, tieferen Wirklichkeit sind. Samadhi ist das mächtigste Hilfsmittel bei unserer Heilung und Transformation.

Der moderne Yoga beschäftigt sich hauptsächlich mit Stellungen. Aber wir dürfen nicht vergessen, dass dies nur *ein* Schritt auf einer langen Reise ist, nur eine Sprosse der Leiter zur Bewusstheit und zum Wohlbefinden auf allen Ebenen unserer Existenz in diesem magischen Universum aus Materie, Energie, Information und Bewusstsein.

Im traditionellen Yoga ist die Lebenskraft im Atem (Prana) die wichtigste Komponente. Verschiedene Yogaschriften gehen genauer darauf ein.[4] Prana ist die wichtigste Energie, wenn wir den Körper heilen, die Sinne beherrschen und die Gedanken

[4] Zum Beispiel Upanischaden wie Pingala, Yogashikha, Yogakundali, Paingala, Shandilya und Jabaladarshana.

konzentrieren wollen. Es ist die wahre Macht (Shakti) im Yoga.[5] Pranayama ist der zentrale Aspekt der Yogaübungen, weil es äußere Faktoren (Lebensweise) mit inneren (Meditation) verbindet und die notwendige Energie für beide Elemente zur Verfügung stellt.

Die Wissenschaft vom Prana spielt im Hatha-Yoga eine entscheidende Rolle. Dies ist der wichtigste Yoga, um auf den Körper einzuwirken, während die Meditation eher die Grundlage des Raja-Yoga (Königsyoga) ist. Im nächsten Kapitel gehe ich ausführlich auf Prana und die Pranaheilung ein.

## Die Neti-Kanne und Hatha-Yoga

Die Neti-Kanne stammt aus der Tradition des Hatha-Yoga, die ihre Anwendung zuerst in allen Einzelheiten beschrieb.[6] Große Gurus des Hatha-Yoga, vom legendären Yogi Gorakhnath bis zu modernen Lehrern wie Swami Vishnudevananda, lehrten ihre Schüler die Anwendung der Neti-Kanne als Teil ihrer täglichen Pflichten.

Das Wort *hatha* setzt sich aus *ha* (Sonne) und *tha* (Mond) zusammen. Es weist also darauf hin, dass wir die solaren und lunaren (das heißt die männlichen und weiblichen) Energien des Körpers und des Geistes harmonisieren müssen. Das geschieht, indem wir die Atmung durch das rechte und linke Nasenloch ins Gleichgewicht bringen, denn beide sind mit den solaren und lunaren Strömungen im Körper verbunden (auf diese *pingala-* und *ida-nadis* gehe ich später genauer ein). Die Neti-Kanne ist ein wichtiges Werkzeug, um die männlichen und weiblichen

---

[5] Kundalini, die Schlangenkraft, ist „erwecktes Prana".

[6] Das wichtigste Quellenbuch des Hatha-Yoga ist *Hatha Yoga Pradipika*.

Energien in uns – auch die rechte und linke Gehirnhälfte – in Einklang zu bringen.

Der traditionelle Hatha-Yoga vereinfacht die „acht Schritte“ und macht daraus drei Hauptfaktoren: Asanas (Yogapositionen), Pranayama (Yogaatmung) und Meditation, zu der auch das Wecken der Kundalini oder inneren Kraft gehört. Obwohl der modere Hatha-Yoga vor allem Wert auf die Asanas legt, sind die beiden anderen Aspekte ebenso wichtig. Die Neti-Kanne hilft bei allen drei Aspekten, weil sie die Lebenskraft stärkt und dadurch die Haltung und das Bewusstsein verbessert.

# 3
# Einführung in das Ayurveda

Ayurveda ist die Schwester des Yoga; sie heilt den Körper und den Geist. Der traditionelle Yoga benutzt die Sprache des Ayurveda und nutzt seine Methoden, um körperliche und seelische Krankheiten zu diagnostizieren und zu behandeln. Außerdem hat er die ayurvedische Physiologie und Psychologie übernommen. Andererseits nutzt Ayurveda den Yoga, um Körper und Geist zu heilen, und teilt mit dem Yoga die Philosophie, die mit der Natur arbeitet, und die Methoden, die das innere und äußere Gleichgewicht fördern. Ayurveda stützt sich auch auf Yogamethoden wie Pranayama und Meditation, um Körper und Geist zu verjüngen. Wer heilen will, muss also beide Systeme als Einheit betrachten.[7]

## Die drei Doshas

Ayurveda basiert auf einer Theorie dreier Primärkräfte, die im Sanskrit *doshas* heißen. Sie regeln Gesundheit und Krankheit und gleichen den „Säften" der alten Griechen. Die Doshas werden verständlicher, wenn wir daran denken, dass jedes Dosha sich aus zwei der fünf Elemente oder Primärzustände der Materie zusammensetzt – sie sind also eine Erweiterung der Theorie von den fünf Elementen.

Vata (Wind) besteht aus Luft und Äther. Pitta („das, was Dinge kocht") besteht aus Feuer und Wasser. Und Kapha („das, was zusammenhält") besteht aus Wasser und Erde.

---

[7] Mehr darüber lesen Sie in meinem Buch *Yoga und Ayurveda.*

- VATA DOSHA ist die Luft oder die Lebenskraft, die durch den Körper und seine Gänge, Gelenke und Höhlen fließt
- PITTA DOSHA ist das Feuer oder die Hitze im Blut, in der Galle, in den Enzymen und in den öligen Körperflüssigkeiten.
- KAPHA DOSHA ist das Wasser oder die vitale Flüssigkeit in der Haut, in den Schleimhäuten, in den Organen und in den Muskeln, die das Erdelement des Körpers bilden.

Abgesehen von ihrer Rolle als körperliche Primärkräfte bestimmen die drei Doshas auch die Konstitution, den Körper-Geist-Typ eines Menschen. In der Regel dominiert eine der drei Kräfte bei einem Menschen, so dass die ayurvedische Medizin Vata-, Pitta- und Kapha-Typen unterscheidet. Der Einfachheit halber sprechen wir auch von Luft-, Feuer- und Wasser- Typen, je nach dem vorherrschenden Element.

Der VATA-TYP ist größer oder kleiner als der Durchschnitt und eher mager. Seine Verdauung ist schwach, und er verträgt Kälte, Wind und Trockenheit schlecht. Was das Temperament anbelangt, sind Vatas nervös, schöpferisch und ausdrucksvoll, und psychologisch gesehen neigen sie zu Furcht und Ängstlichkeit. Ihre Hauptstärken sind schnelle Energie, Anpassungsfähigkeit und die Bereitschaft, zu wachsen und sich zu ändern.

Der PITTA-TYP ist von durchschnittlicher Größe. Er hat ein normales Gewicht und ist drahtig oder muskulös. Sein Appetit ist stark, seine Verdauung gut. Hitze, Feuchtigkeit und Sonne verträgt er schlecht. Pittas sind entschlossen, aggressiv und geraten leicht in Wut. Ihre wichtigsten Stärken sind innere Hitze, inneres Licht, Einsicht und die Bereitschaft, eine Situation gründlich zu untersuchen, ehe sie planen oder handeln.

Der KAPHA-TYP ist meist klein, gelegentlich groß, und stabil gebaut. Er neigt zu Gewichtszunahme, da sein Appetit stark und sein Stoffwechsel langsam ist. Am meisten leidet er unter Kälte, Feuchtigkeit und Bewegungsmangel. Kaphas sind empfänglich und von ausgeglichenem Temperament. Ihre starke Bindung an Personen und Dinge ist ihre Schwäche. Große körperliche Energie, emotionale Robustheit und Geduld sind ihre Hauptstärken.

In Büchern über Ayurveda finden Sie Fragebögen, Listen oder Tests, mit denen Sie Ihren Typ bestimmen können.[8] Sie können aber auch einen ayurvedischen Therapeuten bitten, den Test vorzunehmen. Die folgende Tabelle ist ebenfalls hilfreich.

### Ayurvedische Tabelle konstitutioneller Merkmale

| | VATA | PITTA | KAPHA |
|---|---|---|---|
| | LUFT | FEUER | WASSER |
| GRÖSSE | groß oder sehr klein | mittel | meist klein, manchmal groß |
| FIGUR | dünn, knochig | durchschnittlich | kräftig, muskulös |
| GEWICHT | leicht, nimmt leicht ab | mittel | schwer, nimmt schwer ab |
| TEINT | matt oder dunkel | rötlich, glänzend | hell oder blass |
| HAUT | trocken, rau, dünn | warm, fettig | kalt, feucht, dick |

8 Auch meine Bücher *Das große Ayurveda Heilungsbuch* und *Yoga für Ihren Typ* enthalten einen ausführlichen Fragebogen.

| | | | |
|---|---|---|---|
| AUGEN | klein, nervös | durchdringend, entzündet | groß, weiß |
| HAAR | trocken, dünn | dünn, fettig | dick, fettig, gewellt, glänzend |
| ZÄHNE | krumm, unregelmäßig | normal, Zahnfleischbluten | groß, gut geformt |
| NÄGEL | grob, brüchig | weich, rosa | weich, weiß |
| GELENKE | steif, knacken leicht | locker | fest, groß |
| KREISLAUF | schwach, wechselhaft | gut | normal |
| APPETIT | wechselhaft, nervös | mäßig, aber konstant | stark oder zu stark |
| DURST | schwach, selten | stark | mäßig, konstant |
| SCHWEIß | schwach | viel, aber nicht lange | anfangs gering, aber anhaltend |
| URIN | wenig | viel, gelb | mäßig, klar |
| STUHL | hart oder trocken | weich, locker | normal |
| EMPFINDLICHKEIT | Kälte, Trockenheit, Wind | Hitze, Sonne, Feuer | Kälte, Feuchtigkeit |
| IMMUNSYSTEM | schwach, wechselhaft | normal, hitzeempfindlich | stark |
| KRANKHEITEN | Schmerzen, Schwäche | Fieber, Entzündungen | Verstopfung, Ödeme |
| SCHWACHE ORGANE | Nerven | Blut, Leber | Lungen, Atemwege |

| | | | |
|---|---|---|---|
| AKTIVITÄT | stark, unruhig | mäßig | gering, langsam |
| AUSDAUER | schwach, leicht erschöpft | mittel, aber konzentriert | groß |
| SCHLAF | schlecht, gestört | wechselhaft | zu viel |
| TRÄUME | häufig, gestört | mäßig oft, romantisch | selten, farbig |
| GEDÄCHTNIS | flink, aber zerstreut | scharf, klar | langsam, aber gut |
| SPRACHE | schnell, viel | scharf, schneidend | langsam, melodisch |
| TEMPERAMENT | nervös, wechselhaft | motiviert | zufrieden, konservativ |
| STÄRKE | Anpassungsfähigkeit | Mut | Liebe |
| SCHWÄCHE | Furcht | Wut | Anhaften |
| GLAUBE | wechselhaft | entschlossen | stark, stetig, ändert sich langsam |
| SUMME | Vata: | Pitta: | Kapha: |

## Die Kanäle des Kopfes reinigen

Yoga und Ayurveda legen Wert auf die Reinigung und den Schutz der Öffnungen im Kopf: Mund, Augen, Ohren und Nasenlöcher. Durch diese Öffnungen nehmen wir Substanzen – Luft und Nahrung – sowie Sinneseindrücke auf. Weil sie so wichtig sind, müssen wir sie gut pflegen und genau überlegen, was wir durch sie einlassen. Die wichtigsten Öffnungen sind die Nasenlöcher, die uns das Riechen ermöglichen und uns mit

Sauerstoff und Prana versorgen, und darum brauchen wir die Neti-Kanne so dringend.

Die ayurvedische Medizin erweitert die Yoga-Anwendung der Neti-Kanne und macht aus ihr ein therapeutisches Instrument, vor allem bei der Behandlung von Krankheiten des Kopfes, der Nase, der Ohren und des Halses. Außerdem ist das Kännchen wichtig für die persönliche Hygiene. Im zweiten Teil dieses Buches gehe ich genauer auf die therapeutische Anwendung ein.

# 4
# Prana und Pranaheilung

Alles Leben ist eine Manifestation der Lebenskraft, die im Sanskrit *prana* und in China *chi* oder *qi* heißt. Diese Kraft ist weder chemischer Natur noch instinktiv oder gar blind, was ihre Wirkungen betrifft. Prana, so erklären die großen Yogis, ist die tiefgründige natürliche Intelligenz, die das ganze Universum mit seinen Welten und Wesen geschaffen hat. Sie ist die Trägerin aller evolutionären Weisheit des Körpers und des Geistes.[9]

Prana erschafft den äußerst komplexen Körper aus zwei Zellen und lenkt den Wachstumsprozess. Diese Energie ist die Basis jeder Heilung und Verjüngung. In diesem Kapitel wollen wir untersuchen, wie Prana und die Neti-Kanne zusammenhängen und wie man mit der Neti-Kanne das Prana vermehren und die Pranaheilung fördern kann.

Das Wort *prana* ist aus der Wurzel *an* abgeleitet, die „Atmen" bedeutet und mit dem griechischen *animus* (Seele) verwandt ist. Die Vorsilbe *pra* bedeutet „vor" oder „vorwärts". Prana ist die grundlegende, vorwärts strebende Kraft, die alle Aktivitäten im Universum antreibt und im Bewusstsein verwurzelt ist. Letztlich ist Prana der Atem Gottes.

Aus unserem individuellen Prana besteht auch das Energiefeld, das den physischen Körper hervorbringt, erhält und in Gang

[9] Darum wird Prana mit dem großen Gott Shiva in Verbindung gebracht, dem Meister der Yogis. Shiva symbolisiert das höchste Prana, dem jedes Leben und jedes Bewusstsein entspringt. Außerdem bezeichnen ihn alte Schriften wie die *Hatha Yoga Pradipika* als ersten Guru *(adinath)* des Hatha-Yoga.

hält. Dieses Pranafeld hüllt den Körper bis zu einem Abstand von etwa 30 Zentimetern als Aura ein.[10] Es ermöglicht die Verdauung, macht die Haut glänzend, schärft die Sinne, stärkt die motorischen Organe und das Immunsystem und sorgt für das Gleichgewicht im Organismus. Nur wenn das Prana im Körper und außerhalb des Körpers frei fließt, können wir gesund bleiben und uns wohl fühlen.

## Prana und Gesundheit

Als Lebensenergie ist Prana auch die wichtigste Heilkraft. Alle Heilmethoden wollen mehr Prana in den Körper leiten, wenn auch auf unterschiedliche Weise. Unsere Nahrung enthält physikalisch konzentriertes Prana, das die Verdauungsorgane herausholen. Kräuter stärken das Prana und regen es zu verschiedenen funktionalen Aktivitäten an, etwa zum Schwitzen, zur Beschleunigung des Kreislaufs und zur Ausscheidung. Das alles trägt zur Heilung bei. Bei der Körperarbeit überträgt der Heiler sein Prana durch Handauflegen auf den Patienten. Selbst eine Beratung bringt den Kranken mit dem heilenden Bewusstsein, dem Wissen und der emotionalen Stärke des Beraters in Kontakt.

Prana kann auf vielen Wegen in den Körper gelangen, vor allem durch die Atmung. Beim Essen nehmen wie eine dichtere Energie auf. Die Haut absorbiert ebenfalls Prana, und sie atmet auch ein wenig. Auch die Sinnesorgane führen dem Körper Prana zu und stimulieren ihn. Die Gedanken und Gefühle, die der Geist erzeugt, enthalten ebenfalls Energie.

---

[10] Im Sanskrit wird mit *anguli* (Fingerbreiten) gemessen. Siehe dazu Frawley, Ranade und Lele, *Ayurveda and Marma Therapy.*

Die Ausscheidungsorgane entfernen Abfall und Toxine nicht nur aus dem Körper, sondern auch aus dem Prana. Die Nase sondert Schleim ab, die Lungen atmen schädliche Gase aus, die Haut entfernt Giftstoffe mit dem Schweiß, die Nieren und der Darm scheiden flüssige und feste Schlacken aus. Dabei wird auch das Prana gereinigt und erneuert. Um alle diese Prozesse zu verstehen, müssen wir die Rolle des Pranas untersuchen, denn es ist ihre wichtigste Energiequelle.

## Die Rolle der Nasenlöcher und Nebenhöhlen

Die Nasengänge sind die Tore zum Leben und der erste Kontaktpunkt mit der Atmosphäre. Dort beginnt die Atmung, von der unser Leben abhängt. Aber sie sind auch der Luft, dem Wetter und der Umwelt ausgesetzt und können daher krank werden. Das Leben beginnt und endet mit dem Atem, der zuerst durch die Nasenlöcher fließt.

Die Nasengänge filtern die Luft, damit die Lungen den Sauerstoff besser aufnehmen können. Später absorbieren die Lungen und das Herz auch das Prana in der gesäuberten Luft. Aber dem Ayurveda zufolge haben die Nasenlöcher und Nasengänge eine weitere Aufgabe, denn in ihnen beginnt bereits die Aufnahme des Pranas aus der Luft. Die Nebenhöhlen absorbieren ein wenig Prana und leiten es ins Gehirn und zu den Sinnesorganen, um sie zu stärken – sie knipsen sozusagen das Licht im Kopf an. Dieses subtile Prana ist nicht nur Sauerstoff, sondern auch Lebenskraft und ein Teil des universellen Bewusstseins. Es verbindet uns mit der höheren kosmischen Intelligenz und Vitalität.

*Wenn die Nasengänge nicht einwandfrei arbeiten, ist die Absorption des Pranas vom ersten bis zum letzten Stadium gestört.* Wir erleben dann eine „Energieblockade“, sobald das

Prana in den Körper strömt. Das setzt einen negativen Prozess in Gang, eine Art Entropie, wobei die anderen Phasen der Prana-Absorption ebenfalls aus dem Gleichgewicht geraten. Energiemangel, geringe Vitalität und gestörte Körperprozesse sind die Folge, und mit der Zeit werden wir krank. Darum ist es sehr wichtig, dass das Prana von Anfang an ungehindert fließt und die Nasengänge völlig gesund sind.

Wenn die Nebenhöhlen verstopft sind und wir durch den Mund atmen, nehmen wir kein subtiles Prana auf, das den Geist anregt. Darum fühlen wir uns in diesem Fall häufiger müde oder benommen, und im Körper bildet sich mehr Schleim, der sich in den Nasengängen ansammelt.

## Das Prana im Kopf

Das Prana, das die Nebenhöhlen absorbieren, können wir „Prana im Kopf" nennen.[11] Die Nebenhöhlen sind mit allen fünf Sinnen verbunden. Die Höhlen hinter den Augen fördern das Sehen und leiten Prana in die Augen. Die Hohlräume neben den Ohren und den eustachischen Röhren unterstützen das Hören und leiten Prana in die Ohren. Die Nasenlöcher beeinflussen die Nase und den Geruchsinn unmittelbar. Dieser Sinn ist ein wichtiger Indikator, weil er uns sagt, wie gut wir atmen. Die Zunge in der Mundhöhle ist die Trägerin des Geschmackssinnes, und der Tastsinn verfügt über zahlreiche Nervenenden im Gesicht, die vom Prana im Kopf direkt beeinflusst werden.

---

[11] Ayurveda und Yoga kennen fünf Pranas. Das Prana im Kopf ist das Meisterprana. Udana, das aufwärts fließende Prana, regelt die Sprache und unsere Bemühungen. Apana, die abwärts fließende pranische Luft, steuert die Ausscheidung und die Fortpflanzung. Vyana, die nach außen strömende Luft, steuert den Kreislauf und das Strecken der Gliedmaßen. Samana, die ausgleichende Luft, regelt die Verdauung.

Wenn die Nebenhöhlen zu wenig Prana aufnehmen, arbeiten alle fünf Sinne unzureichend und sind anfällig für Störungen und Krankheiten. Da die Sinne uns mit den Informationen versorgen, die wir zum Handeln brauchen, wirken sich Störungen auf alles aus, was wir tun, denken und sprechen. Möglicherweise ernähren wir uns dann falsch, oder wir bewegen uns zu wenig, oder wir treffen falsche Entscheidungen im Leben.[12]

Natürlich ist die Nase als erstes Organ betroffen, wenn die Nebenhöhlen verstopft sind. Aber den Augen geht es kaum besser. Wenn die Nebenhöhlen blockiert sind, etwa bei Schnupfen, Grippe oder Allergien, bekommen wir rasch geschwollene oder tränende Augen oder Kopfschmerzen in den Hohlräumen hinter den Augen. Dadurch wird das Sehvermögen geschwächt, und wir werden lichtempfindlich. Ohrenentzündungen sind langwierige und besonders unangenehme Folgen von Nebenhöhleninfektionen, die das Gehirn unmittelbar schädigen können.

Nebenhöhlenprobleme sind jedoch nicht auf die Sinnesorgane beschränkt, sondern schaden auch den motorischen Organen, besonders der Stimme, die auf einen ausreichenden Luftstrom in der Nase, den Nebenhöhlen und dem Hals angewiesen ist. Verstopfte Nebenhöhlen und Halsentzündungen treten oft zusammen auf. Wenn wir nicht gut sprechen können, leiden alle unsere Äußerungen und das Denken darunter.

Dieses Prana im Kopf beeinflusst nämlich das Gehirn und den Denkprozess. Wenn die Nebenhöhlen blockiert sind, absorbieren wir zu wenig Prana und die Durchblutung des Kopfes und des Gehirns ist gestört. Die Folgen sind Benommenheit, Schläfrigkeit, Verwirrtheit und andere Symptome des Energiemangels, aber auch Depressionen, Angst

[12] In der ayurvedischen Medizin ist der falsche Gebrauch oder die Fehlfunktion der Sinne eine der Hauptursachen aller Krankheiten.

und weitere seelische Probleme. Dann sind wir angesichts der Herausforderungen des Lebens weniger widerstandsfähig.

Viele Menschen, die glauben, emotionale oder psychische Probleme zu haben, leiden lediglich unter verstopften Nebenhöhlen – oder ihre psychischen Störungen werden davon verstärkt, was die Behandlung erschwert. Wir dürfen nicht vergessen, wie wichtig das Prana bei jeder körperlichen oder seelischen Therapie ist, und mit dem Prana im Kopf fängt alles an. Für dieses Prana ist die Neti-Kanne das beste Hilfsmittel.

## Die Nebenhöhlen und das Immunsystem

Die Nasenlöcher nehmen als erstes Kontakt mit der Luft auf. Darum sind sie das erste Bollwerk des Immunsystems. Schnupfen, Grippe und fiebrige Krankheiten beginnen meist im Kopf. Schwache oder verstopfte Nebenhöhlen machen uns anfällig für Infektionen von der einfachen Erkältung bis zu schweren, fiebrigen Krankheiten.

Um das Immunsystem zu schützen, müssen wir die Nasenlöcher und Nebenhöhlen richtig pflegen. Das ist heutzutage besonders wichtig, weil wir zu viele Antibiotika einnehmen und viele Menschen deshalb ein schwaches Immunsystem haben. Die Neti-Kanne ist ein gutes Werkzeug, um das Prana und die Immunität zu stärken. Wenn wir sie regelmäßig anwenden, brauchen wir Antibiotika wahrscheinlich seltener, und im Gegensatz zu diesen Medikamenten stärkt die Neti-Kanne das Immunsystem, anstatt es zu schwächen.

## Prana- und Energieheilung

Wahres Heilen ist mehr als eine physikalische oder chemische Veränderung körperlicher Prozesse. Sie setzt einen Wandel der inneren Energie voraus: Wir brauchen mehr positive Energie, also mehr Prana. Prana- oder Energieheilung ist ebenso wichtig wie jede physische Heilung. Die meisten Therapien des Yoga und Ayurveda basieren auf diesem Grundsatz.

Die Neti-Kanne ist ein wichtiger Bestandteil der Pranaheilung. Man kann sie neben anderen Formen der Energiearbeit verwenden, zum Beispiel Massage, Polaritätstherapie, Kraniosakraltherapie und verwandte Methoden. Sie säubert nicht nur die Nasengänge, sondern auch das Prana. Die Nasenspülung ist für unsere Lebenskraft eine Art „Pranabad“, das ebenso erfrischend und kräftigend sein kann wie Bäder oder Duschen für den ganzen Körper.

# 5
# Wie man die Neti-Kanne benutzt

Die Neti-Kanne ist einfach anzuwenden. Sie müssen sie nur ein paar Mal ausprobieren, um sich daran zu gewöhnen. Da die meisten Menschen noch nie Wasser in ein Nasenloch gegossen haben, ist das eine ganz neue Erfahrung, die vielleicht ein wenig Praxis erfordert. Manche finden es zunächst ein wenig schwierig, aber wer etwas Geduld hat, geht mit der Neti-Kanne bald ebenso mühelos um wie mit den Schnürsenkeln. Ein anfängliches Unbehagen weicht schnell dem angenehmen Gefühl, das freie Nasengänge und frische Energie auslösen.

Am besten wenden Sie die Neti-Kanne versuchsweise mindestens eine Woche lang jeden Morgen an, bevor Sie entscheiden, ob Sie sie regelmäßig benutzen. Wenn Sie bereits verstopfte Nebenhöhlen haben, kann die Nasenspülung schwieriger sein, weil Sie mehr Wasser brauchen, um zunächst einmal die Nasenlöcher zu öffnen. Aber sobald das Wasser mühelos durch die Nase fließt und Sie die damit verbundene Erleichterung spüren, werden Sie die kleine Mühe nicht mehr scheuen, die mit der Anwendung der Neti-Kanne verbunden ist.

Wenn Sie gelernt haben, die Neti-Kanne anzuwenden, dauert die Nasenspülung in der Regel etwa fünf Minuten. Sie beansprucht also wenig Zeit, vor allem im Vergleich zum Nutzen, den sie bringt.

## Größe und Form der Neti-Kanne

Es gibt Neti-Kannen in verschiedenen Größen und Formen und aus verschiedenen Materialien. In Indien stellt man sie oft aus Stahl oder Kupfer her. Sie sind meist groß und können bis zu zwei Tassen Wasser aufnehmen. Das genügt, um zwei Nasenlöcher zu spülen. Der lange, schmale Schnabel wird dazu in das Nasenloch eingeführt.

Bei uns bestehen die meisten Kannen aus Keramik und haben Platz für etwa eine Tasse Wasser. Damit kann man jeweils ein Nasenloch durchspülen. Manche Kannen sind kurz und flach, ähnlich wie „Aladins Wunderlampe", so dass sie weniger Wasser aufnehmen können. Sie haben einen langen Schnabel, der sich bequem ins Nasenloch schieben lässt. Eine andere Variante gleicht einem Teetopf mit Schnabel. Diese Form hat ein etwas größeres Volumen; man verschüttet weniger Wasser und kann die Kanne leichter reinigen als den flachen Typ. Beide Formen sind problemlos erhältlich (siehe Abbildungen). Wählen Sie eine Neti-Kanne, die nach Größe und Form zu Ihnen passt.[13]

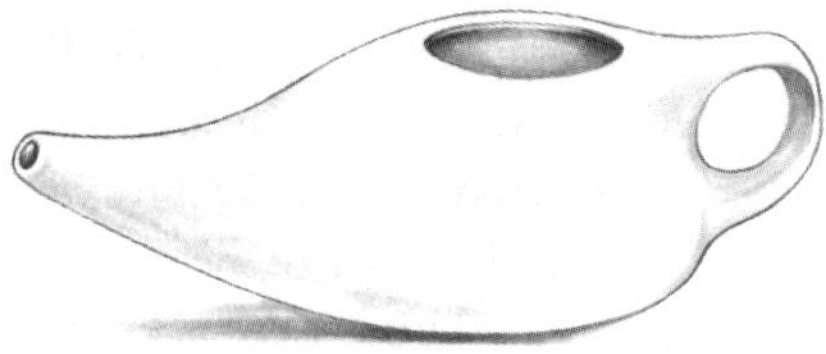

[13] Hinweise zu Bezugsadressen finden Sie auf Seite 93.

## So wenden Sie die Neti-Kanne an

Nachfolgend beschreibe ich ausführlich, wie Sie die Neti-Kanne anwenden. Ich gehe auf die Vorbereitung der Wasserlösung ebenso ein wie auf mögliche Nebenwirkungen. Bitte lesen Sie diese Hinweise sorgfältig, wenn Sie eine Neti-Kanne benutzen wollen, denn sie enthalten alles, was Sie wissen müssen. Wenn Sie bereits eine Neti-Kanne regelmäßig anwenden, ist dieser Abschnitt auch wichtig für Sie, denn er kann Ihnen helfen, eine größere Wirkung zu erzielen.

### Das Wasser für die Neti-Kanne

Die Lösung für die Neti-Kanne besteht meist aus warmem Wasser, in dem ein wenig Salz gelöst ist. Lauwarmes Wasser tut den Schleimhäuten gut und ist daher am wirksamsten. Selbstverständlich darf das Wasser nicht heiß sein. Prüfen Sie die Wassertemperatur zuerst mit den Fingern. Die Nasenlöcher sind empfindlicher als die Finger, und wenn die Finger das Wasser als heiß empfinden, ist es in der Nase umso unangenehmer.

Chloriertes Leitungswasser kann die Schleimhäute reizen. Deshalb ziehen viele Leute gefiltertes, in Flaschen abgefülltes oder destilliertes Wasser vor, besonders wenn sie die Neti-Kanne regelmäßig benutzen.

Sie können anfangs auch kühles Wasser verwenden, vor allem wenn die Nasengänge entzündet sind; aber das ist vielleicht nicht so wohltuend. Wenn Sie Kopfschmerzen oder verstopfte Nebenhöhlen haben, darf das Wasser etwas wärmer sein, weil die Nasengänge sich dann leichter öffnen lassen. Aber Sie dürfen die Schleimhaut auf keinen Fall verbrühen.

*Anfänger sollten immer lauwarmes Wasser verwenden.* Kühleres oder wärmeres Wasser eignet sich eher für therapeutische Zwecke, auf die ich im zweiten Teil dieses Buches eingehe.

## Die Rolle des Salzes

Der menschliche Körper besteht nicht nur aus reinem Wasser, sondern aus Wasser, in dem viele Nährstoffe, Vitamine, Mineralien und Enzyme gelöst sind. Das Plasma des Körpers ist eine leicht fetthaltige, also etwas viskose Flüssigkeit. Die Schleimhäute speichern Wasser und sind ein wenig gallertartig.

Wenn wir die Schleimhäute also mit reinem Wasser spülen, wird ihre Oberfläche beschädigt und das darunter liegende Gewebe gereizt. Das gilt auch für die Nase. Das kann schmerzhaft sein, weil sich in der Nase – anders als in vielen anderen Schleimhäuten – viele Nervenenden befinden.

Die wichtigste Substanz in der Natur, die uns hilft, die Schleimhäute zu schützen, ist das Salz, das im Körper den Wasserhaushalt reguliert. Das Blutplasma gleicht heute noch dem Meerwasser, das ja ebenfalls salzhaltig ist. *Darum streuen wir immer ein wenig Salz ins Wasser der Neti-Kanne, um die Nasengänge zu schützen.* In der ayurvedischen Medizin wird Salz aus den gleichen Gründen auch bei Einläufen verwendet.[14]

Am besten ist Speisesalz ohne Jod. Jodiertes Salz reizt eher. Meersalz ist stärker und kann ebenfalls reizen; aber manche Leute benutzen es.

## Das Zubereiten der Salzlösung

Nehmen Sie etwa ¼ Teelöffel Speisesalz, und verrühren Sie es in einer Tasse warmem Wasser, bis das Salz vollständig gelöst ist. Gießen Sie dann ungefähr eine halbe Tasse der Lösung in die Neti-Kanne. Das genügt meist, um ein Nasenloch durchzuspülen.

[14] Die Schleimhaut des Dickdarms hat allerdings weniger Nervenenden als die der Nase. Darum lösen Einläufe ohne Salz seltener eine Reizung aus, obwohl sie die Schleimhaut beschädigen können.

Manche Leute streuen das Salz direkt in die Kanne und verrühren es dort. In diesem Fall nehmen Sie etwa ⅛ Teelöffel Salz, je nachdem, wie viel Wasser die Kanne aufnimmt. Achten Sie darauf, dass es völlig aufgelöst ist, denn nicht gelöstes Salz kann die Nase reizen.

Die genannte Menge ist nur eine Richtschnur. *Sie können die Salzmenge nehmen, die Ihnen wohl tut.* Mehr Salz ist notwendig, wenn die Nasengänge trockener sind. Verringern Sie die Menge, wenn das Salz die Schleimhaut reizt.

### Die Nasenspülung

Tragen Sie die gefüllte Neti-Kanne zu einem Waschbecken oder zu einer ausreichend großen Waschschüssel.

- Beginnen Sie mit dem rechten Nasenloch. Neigen Sie den Kopf ein wenig nach links (siehe Abbildung).
- Führen Sie den Schnabel der Kanne behutsam in das angehobene Nasenloch ein.

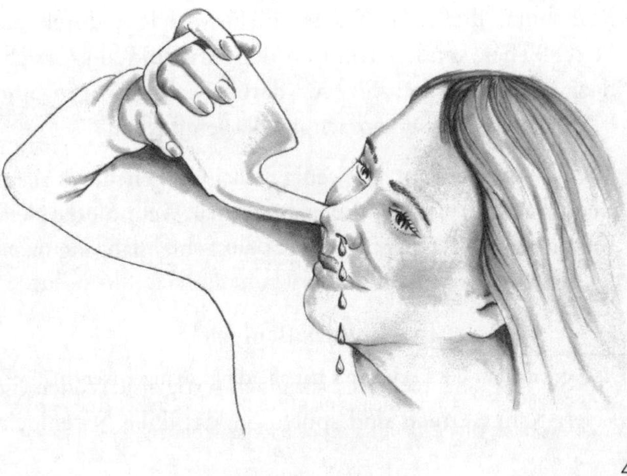

- Gießen Sie nun das Wasser aus der Kanne langsam in das rechte Nasenloch, bis das Wasser durch das tiefer liegende linke Nasenloch ins Becken läuft.
- Blasen Sie vorsichtig Luft durch das rechte Nasenloch, um den Prozess zu beenden und alles Wasser zu entfernen. Schließen Sie dabei das linke Nasenloch behutsam mit dem Finger.

## Einige Feinheiten

- Neigen Sie den Kopf so, dass es für Sie bequem ist und das Wasser gut fließt, In der Regel ist es am besten, wenn die Stirn etwa die Höhe des Kinns erreicht.
- Regulieren Sie die durchlaufende Wassermenge, indem Sie Höhe und Neigungswinkel der Kanne verändern. Je höher Sie die Kanne halten, desto schneller fließt das Wasser.
- Während Sie die Nasenlöcher spülen, müssen Sie durch den Mund atmen. Sie brauchen den Atem nicht anzuhalten.
- Manchmal fließt das Wasser nicht so leicht durch die Nasenlöcher, sondert rinnt an der Nase und am Gesicht nach unten. Machen Sie sich darüber keine Sorgen, und lassen Sie das Wasser einfach ins Becken fließen.
- Mit dem Wasser kann ein wenig Schleim abgehen, vor allem wenn die Nase verstopft ist. Das ist normal. Wenn Sie die Neti-Kanne regelmäßig benutzen, lässt der Schleimabgang nach.

## Das linke Nasenloch

Wenn Sie mit dem rechten Nasenloch fertig sind, füllen Sie die Neti-Kanne erneut und spülen Sie das linke Nasenloch.

Neigen Sie dazu den Kopf nach rechts und folgen Sie der obigen Anleitung.

### Nach dem Spülen beider Nasenlöcher

- Sobald Sie beide Nasenlöcher gespült haben, schnäuzen Sie mit jedem einzelnen mehrere Male, um sie weiter zu säubern. Dabei kann noch mehr Schleim zum Vorschein kommen. Fangen Sie ihn mit einem Papiertaschentuch auf.
- Vielleicht müssen Sie den Kopf von einer Seite zur anderen neigen oder sich über das Becken beugen, damit alles Wasser aus der Nase läuft.
- Denken Sie daran, dass das Wasser langsam fließen soll. Erzwingen Sie nichts, und versuchen Sie nie, die Nase kräftig zu schnäuzen, um das Wasser zu entfernen. Lassen Sie es seine Arbeit tun.

### Wiederholte Spülungen

- Wenn die Nase so verstopft ist, dass das Wasser nicht durchläuft, können Sie die Prozedur mehrere Male wiederholen. Beginnen Sie mit dem Nasenloch, das etwas freier ist. Sie werden bemerken, dass das Wasser jedes Mal weiter vordringt und schließlich doch durchläuft.
- Sie können die Nase mehrere Male spülen, wenn noch Schleim vorhanden oder die Verstopfung noch nicht beseitigt ist. Mehr als dreimal sollten Sie aber im Allgemeinen nicht spülen. Es ist besser, wenn Sie warten und die Spülung später wiederholen. Natürlich können Sie auch einige der anderen Methoden zum Öffnen der Nasengänge ausprobieren (siehe dazu das Kapitel „Neti und Ayurveda“).

## Die Pflege der Neti-Kanne

Das Wichtigste ist, dass die Neti-Kanne sauber bleibt. Manchmal gelangt ein wenig Schleim hinein und sammelt sich an nicht einsehbaren Stellen. Deshalb sollten Sie die Kanne regelmäßig mit heißem Wasser und etwas Seife reinigen. Achten Sie darauf, Seifenreste zu entfernen, da sie die Schleimhaut reizen können. Die Keramikkannen im Teetopfstil sind oft robuster als die anderen und lassen sich im Geschirrspüler säubern.

Es ist sinnvoll, die Neti-Kanne vor jedem Gebrauch mit heißem Wasser auszuspülen. Nach dem Gebrauch sollten Sie das Waschbecken reinigen, um eventuelle Schleimreste zu beseitigen.

Wie jedes Gerät für die persönliche Hygiene sollten Sie Ihre Neti-Kanne nicht mit anderen Leuten teilen. Es ist genau wie mit der Zahnbürste!

Wenn Sie verreisen, sollten Sie die Neti-Kanne gut verpacken. Auch zu Hause bewahrt man sie am besten an einem Platz auf, wo sie niemand herunterwerfen kann.

## Vorsichtsmaßnahmen

Die Neti-Kanne ist zwar ein ungefährliches Gerät, aber es gibt einige Kontraindikationen. Verwenden Sie die Kanne nicht, wenn Sie aus der Nase bluten. Wenn Sie vor kurzem geblutet haben, sollten Sie warten, bis die Schleimhaut verheilt ist.

- Seien Sie vorsichtig, wenn die Nebenhöhlen entzündet sind. Das gilt vor allem bei akuten Krankheiten.
- Sind die Nasengänge völlig blockiert, ist ebenfalls Vorsicht angezeigt. Sie dürfen die Neti-Kanne auch in solchen Fällen anwenden; aber Sie brauchen Geschick und Erfahrung.
- Wenn Sie an Asthma leiden, dürfen Sie die Neti-Kanne nicht während eines akuten Anfalls benutzen.

- Anfänger sollten erst lernen, die Neti-Kanne zur Vorbeugung zu benutzen, bevor sie damit die Krankheiten behandeln, auf die ich später eingehe.

## Mögliche Komplikationen

Während einer Nasenspülung kann es zu folgenden Komplikationen kommen:

*Wasser tropft in den Hals oder Mund.*

Neigen Sie den Kopf stärker, so dass das Kinn sich auf gleicher Höhe oder höher als die Stirn befindet. Eine kleine Menge Wasser spucken Sie einfach aus. Das ist kein echtes Problem.

*Schmerzen in der Nase.*

Vielleicht brauchen Sie etwas mehr oder weniger Salz im Wasser. Wenn das Wasser brennt, ist der Salzgehalt meist zu hoch. Wenn Sie nur Schmerzen spüren, ist er vielleicht zu niedrig.

*Nach der Spülung sind die Nasengänge nicht frei oder sogar stärker verstopft.*

Wiederholen Sie die Prozedur mit wärmerem Wasser, oder fügen Sie ein wenig Ingwer oder Zimt (oder ein anderes Gewürzkraut) hinzu, um die Blockade zu beseitigen. Sie können auch unmittelbar vor der Spülung ein Aromaöl wie Eukalyptus oder Menthol einatmen. Wenn das alles nicht hilft, brechen Sie die Behandlung ab. Möglicherweise müssen Sie die Nase zuerst mit Kräutern oder Arzneien befreien.

*In der Nase bleibt Wasser zurück und tropft später heraus. Manchmal löst das ein Gefühl der Benommenheit aus.*

Machen Sie sich keine Sorgen, wenn später ein bisschen Wasser aus der Nase tropft. Schnäuzen Sie sich in ein Papiertaschentuch.

Um solche Vorkommnisse zu verhindern, beugen Sie den Kopf oder den Oberkörper nach der Spülung über das Becken und drehen den Kopf von einer Seite zur anderen, bis das Wasser herausfließt. Sie können auch eine Prise Gewürz, zum Beispiel Kalmus oder Ingwer, ins Wasser geben oder ein Aromaöl wie Eukalyptus oder Menthol inhalieren. Das fördert den Abfluss des Wassers aus der Nase und löst vielleicht sogar Niesen aus.

Wenn das alles nicht nützt, brechen Sie die Behandlung ab. Es kann sein, dass Sie zuerst eine Verstopfung tief in den Nebenhöhlen beseitigen müssen. Dafür verwenden Sie entweder Nasyaöl mit aromatischen Kräutern, oder Sie inhalieren Gewürzpulver , zum Beispiel Ingwer oder Zimt. Im Kapitel über Ayurveda finden Sie weitere Informationen über Alternativen zur Neti-Kanne.

*Nach der Spülung müssen Sie mehrere Male schnäuzen.*

Das ist oft ein gutes Zeichen – die Nasengänge öffnen sich. Es ist selten ein Problem. Schnäuzen Sie sich aber immer behutsam.

*Nach der Spülung müssen Sie niesen.*

Auch das ist meist unproblematisch. Das Niesen hilft sogar, die Nase zu befreien. Wenn Sie aber oft niesen müssen, leiden Sie womöglich an einer Allergie. Es kann auch sein, dass zu viel Salz im Wasser war. Nehmen Sie beim nächsten Mal weniger Salz, und prüfen Sie, ob das hilft. Wenn nicht, müssen Sie vielleicht auch eine Allergie behandeln.

*Das herausfließende Wasser enthält ein wenig Blut.*

Eine kleine Menge Blut kann darauf zurückzuführen sein, dass Sie zu wenig Salz im Wasser gelöst haben. In diesem Fall erhöhen Sie den Salzgehalt ein wenig. Es ist aber besser, die Schleimhaut zuerst abheilen zu lassen, denn das Salz kann Wunden reizen.

Auch zu trockene Nasengänge können bluten, weil dann die Schleimhaut einreißt. In diesem Fall träufeln Sie vor der Spülung ein wenig Sesamöl in die Nase oder zusammen mit dem Salz in die Neti-Kanne. Das kommt im Spätfrühling häufiger vor, weil dann die Temperatur steigt und wir mehr Energie haben.

Es kann aber auch ein Problem in der Nase vorliegen. In diesem Fall brechen Sie die Behandlung ab und lassen sich ärztlich behandeln.

## Der richtige Zeitpunkt

Nasenspülungen haben zu verschiedenen Tages- und Jahreszeiten eine unterschiedliche Wirkung.

### *Die Tageszeit*

Am besten benutzen Sie die Neti-Kanne früh am Morgen, kurz nach dem Aufstehen. Sie sollte genauso zur täglichen Routine werden wie das Zähneputzen und das Abschaben der Zunge. Nachts, wenn wir im Bett liegen, sammelt sich Schleim im Kopf an, und die Folge ist oft eine verstopfte Nase. Es ist wichtig, diese Blockade gleich morgens zu beseitigen, damit die Energie tagsüber frei fließen kann.

Eine Nasenspülung am Abend ist ebenfalls zu empfehlen, damit Sie frei atmen können, während Sie schlafen. So lassen sich Schnarchen und Mundatmung leichter verhindern, und der Schlaf wird tiefer und entspannender.

Natürlich können Sie die Neti-Kanne zu jeder Tageszeit anwenden, wann immer die Nasengänge verstopft sind. Selbst wenn Sie kein Unbehagen verspüren, fördert die Nasenspülung die Aufmerksamkeit und das klare Denken.

Die Neti-Kanne ist in jeder Jahreszeit nützlich.

- Im Sommer treten Allergien häufiger auf, weil sich mehr Pollen in der Luft befinden. Die Neti-Kanne trägt dazu bei, solche Allergene zu entfernen.

- Im Herbst kann die trockene Luft die Schleimhaut reizen und Allergien oder andere Beschwerden auslösen. Darum sollten Sie im Herbst mehr Salz oder Sesamöl ins Wasser geben.

- Im Winter setzen Kälte und Feuchtigkeit dem Kopf zu. Nehmen Sie also wärmeres Wasser oder ein wenig Gewürzkraut, zum Beispiel Kalmus oder Ingwer. Da wir im Winter häufiger zu Hause bleiben und schlechtere Heizungsluft einatmen, die oft Staub enthält, ist die Neti-Kanne in dieser Jahreszeit besonders hilfreich.

- Der Frühling ist die natürliche Kapha-Zeit. Jetzt sammelt sich mehr Schleim an, den wir mit der Neti-Kanne entfernen können. Manche Menschen bluten aus der Nase, weil ihr Energiepegel steigt, und auch hier kann eine Nasenspülung Linderung bringen.

## Die Nasenspülung bei Kindern

Kinder leiden häufiger an verstopften Nebenhöhlen und anderen Problemen, die mit Verschleimung zu tun haben. Im Ayurveda ist die Kindheit die Kapha-Phase, die formende „wässrige" Phase des Lebens. Darum läuft bei Kindern oft die Nase. Die Neti-Kanne ist eine vorzügliche Lösung für solche Probleme. Acht- bis zehnjährige Kinder brauchen zwar etwas

Anleitung, aber dann können sie selbst mit der Kanne umgehen. Dennoch ist es ratsam, wenn ein Erwachsener dabei ist.

## Die Nasenspülung bei älteren Menschen

Viele ältere Menschen leiden an trockener Haut und trockenen Schleimhäuten. Das stört die Atmung. Das Alter ist die Vata-Phase, also die „luftige" Phase des Lebens, in welcher der Geist weiter wächst, aber der Körper zu verfallen beginnt. Die Neti-Kanne kann der Austrocknung und dem Verfall entgegenwirken und ist daher ein hervorragendes Instrument für ältere Leute, die morgens lethargisch sind und mehr Energie brauchen.

## Die Nasenspülung bei Frauen

Während der Schwangerschaft, der Menstruation oder den Wechseljahren dürfen Sie die Neti-Kanne ohne Bedenken anwenden. Sie harmonisiert den Energiestrom im Kreislauf- und Nervensystem und lindert dadurch indirekt Schmerzen, Staus und andere Symptome. Eine Ausnahme gilt möglicherweise bei morgendlicher Übelkeit, die bei manchen Schwangeren durch eine Nasenspülung verstärkt wird. Anderen hilft sie jedoch, die Beschwerden zu lindern. Anfängerinnen sollten die Neti-Kanne auf jeden Fall umsichtig anwenden.

## Die Nasenspülung unter besonderen Bedingungen

### *Bei Sportlern*

Es ist ein sehr guter Rat, die Neti-Kanne vor einer großen körperlichen Anstrengung zu benutzen. Sie erhöht die Energie und verbessert die Leistung. Nach dem Sport tut sie den Nasengängen wohl und beseitigt Schleim und Giftstoffe, die sich durch die Anstrengung angesammelt haben. Die Neti-Kanne ist für jeden Sportler, vom Läufer bis zum Gewichtheber nützlich, vor allem auch für Leistungssportler. Sie sollte ein wesentlicher Bestandteil der Sportmedizin werden.

### *Auf Reisen*

Eine Reise ist eine große Belastung für die Nasengänge, denn Sie atmen aufbereitete Luft ein und sind ansteckenden Keimen ausgesetzt, die andere Menschen verbreiten. Während eines Fluges sind die große Höhe und der gestörte Schlaf eine zusätzliche Belastung. Das alles gilt in geringerem Ausmaß auch für Reisen mit dem Auto, dem Zug oder dem Schiff. Deshalb ist es ratsam, auf Reisen die Neti-Kanne zu benutzen, um die Nasengänge vor Krankheiten zu schützen. Sie lindert auch die Symptome des Jetlags.

### *Bei Krankheiten*

Bei vielen bettlägerigen Menschen sind die Nasengänge verstopft, und die Atmung verschlechtert sich mit der Zeit. Hier kann die Neti-Kanne Linderung bringen.

Wer sich von Fieberkrankheiten oder anderen Infektionen erholt, leidet oft an trockenen Schleimhäuten. Auch hier ist die Neti-Kanne nützlich.

Bei akuten Krankheiten der Lungen, der Nebenhöhlen oder des Lymphsystems kann die Nasenspülung Schleim aus dem Körper entfernen. Natürlich brauchen diese Kranken mehr Erfahrung und Umsicht bei der Anwendung der Kanne.

Das Kapitel „Neti und Krankheiten" im zweiten Teil dieses Buches erläutert mehr über die Nasenspülung bei vielen verschiedenen Krankheiten. *Aber denken Sie daran, bei jedem ernsten Gesundheitsproblem einen Arzt oder Heilpraktiker aufzusuchen.*

TEIL II

# NASENSPÜLUNGEN FÜR FORTGESCHRITTENE

# 6
# Neti und Yoga

Die Neti-Kanne ist wohl das wichtigste Instrument im klassischen Yoga, und die Nasenspülung ist die wichtigste Reinigungsmethode noch vor den Atemübungen. Pranayama setzt ja freie Atemwege voraus, weil es sonst unwirksam wäre. Darum spülen viele Yogis die Nasenwege vor dem Pranayama regelmäßig durch. Die Neti-Kanne unterstützt aber auch die Asanas, die Meditation und alle anderen Yogaprozeduren, die auf einen guten Pranakreislauf, vor allem im Kopf, angewiesen sind.

## Neti und Pranayama

### Das Training der Nasenlöcher – alternative Atmung

Die wohl wichtigste Übung des Pranayama ist die Atmung durch das rechte und das linke Nasenloch. Dafür gibt es im Hatha-Yoga verschiedene Namen, zum Beispiel Nadi Shodhana, Anuloma, Viloma, Sonnen- und Mondatmung und andere mehr.[15]

Bei dieser Übung schließen Sie ein Nasenloch durch leichten Fingerdruck und atmen durch das offene Nasenloch ein. Meist schließt man das linke Nasenloch mit dem Ringfinger und dem kleinen Finger der rechten Hand und das rechte mit dem rechten Daumen. Die Neti-Kanne wurde hauptsächlich deshalb konstruiert, weil sie diese alternative Atmung erleichtert.

---

[15] Im Literaturverzeichnis finden Sie Bücher über Pranayama, die genauer auf diese Techniken eingehen.

Die Atmung durch ein Nasenloch ist wahrscheinlich die beste Übung für die Nasenlöcher, die als Muskeln trainiert werden müssen, damit sie straff und flexibel bleiben. Die alternative Atmung ist ein gutes Training für die Nasenlöcher, die bei den meisten Menschen schwach sind und normalerweise überhaupt nicht trainiert werden. Wenn sie kräftiger werden, wird auch die Atmung tiefer, und wir haben mehr Energie.

Schwache und verstopfte Nasenlöcher sind die Hauptursache vieler Ohren-, Nasen-, Hals- und Lungenbeschwerden. Darum ist die Kräftigung der Naseneingänge durch alternative Atmung ein wichtiges Mittel, solchen Problemen vorzubeugen.

Die meisten Menschen trainieren Arme und Beine regelmäßig; andernfalls würden sie zunehmend schwächer werden. Aber wie viele Menschen denken daran, die Nasenlöcher zu trainieren, von denen die pranische Kraft und die Wirksamkeit der Atmung abhängen? Tägliche alternative Atmung ist für die Gesundheit der Nase ebenso wichtig wie tägliche Bewegung für die Gesundheit des ganzen Körpers, und die Neti-Kanne erleichtert die Atemübungen beträchtlich.

## Sonnen- und Mondenergie

Wir atmen zu verschiedenen Tageszeiten mehr durch das rechte oder mehr durch das linke Nasenloch. Das ist kein Zufall, sondern es spiegelt eine Fluktuation der Energie, der Aktivität und der Bewusstheit wider und liefert uns wertvolle Informationen darüber, was in unserem Inneren vorgeht.

Das rechte Nasenloch und die rechte Körperhälfte enthalten dem Yoga zufolge eine wärmende, solare Energie. Dieses Nasenloch verbindet uns mit dem *pingala nadi*, dem solaren Pranastrom, der durch den Wirbelkanal und die Chakras fließt und die rechte Körperseite mit Energie versorgt. Wenn der Atem hauptsächlich durch das rechte Nasenloch strömt, arbeiten die

Verdauung und der Kreislauf besser und wir können aktiv und dynamisch sein.

Das linke Nasenloch und die linke Körperseite enthalten kühlende Mondenergie. Dieses Nasenloch verbindet uns mit dem *ida nadi*, dem lunaren Pranastrom, der ebenfalls durch den Wirbelkanal und die Chakras fließt und die linke Körperseite mit Energie versorgt. Wenn der Atem hauptsächlich durch das linke Nasenloch fließt, sind wir entspannter und können besser schlafen. Außerdem wird der Gewebeaufbau erleichtert. Alles, was uns beruhigt, ist auf kühlende Energie angewiesen.

Wenn wir durch das rechte Nasenloch atmen, steigern wir die *Shiva-Energie*, die männliche kosmische Kraft. Die Atmung durch das linke Nasenloch fördert die *Shakti-Energie*, die weibliche kosmische Kraft. Darum hat die alternative Atmung sowohl eine körperliche als auch eine spirituelle Wirkung.

## Die Harmonisierung der Gehirnhälften

Die Nasenlöcher und ihre Energieströme hängen auch mit den beiden Gehirnhälften zusammen, das rechte Nasenloch mit der linken Gehirnhälfte und das linke Nasenloch mit der rechten. Die linke Hälfte steuert das Denken, die Wahrnehmung und die männlichen Qualitäten, die rechte ist für die Gefühle und für die empfangenden, weiblichen Qualitäten zuständig.

Der Pranastrom durch ein Nasenloch regt die jeweils entgegengesetzte Gehirnhälfte an. *Mit der Neti-Kanne und der alternativen Atmung können wir also die rechte und linke Gehirnhälfte und somit auch den Verstand und die Gefühle harmonisieren.*

## Alternative Atmung und Ayurveda

Im Ayurveda hängt das feurige Pitta Dosha mit der Energie des rechten, solaren Pingala Nadi zusammen. Wenn der Atem durch diesen Nadi strömt, steigert er die Verdauung, den Kreislauf, die Körperwärme, die Wahrnehmung und andere Pitta-Kräfte. Das wässrige Kapha Dosha ist mit dem linken, lunaren Ida Nadi verbunden. Wenn der Atem durch diesen Nadi fließt, werden der Schlaf, der Gewebeaufbau, die Kühlung des Körpers, die Gefühle und andere Kapha-Kräfte gefördert.

Wenn wir die Atmung durch den rechten, solaren Nadi steigern, können wir auf diese Weise Schleim entfernen und Kälte und Feuchtigkeit besser ertragen. Um Pitta-Probleme wie Hitze und Entzündungen zu behandeln, müssen wir stärker durch den linken, lunaren Nadi atmen.

Vata Dosha ist dem Element Luft zugeordnet und fördert die sprunghafte Wechselatmung. Um Vata zu dämpfen, müssen wir daher die Atmung durch beide Nasenlöcher harmonisieren.

### Alternative Atmung und Selbstheilung

Wenn ein Nasenloch verstopft ist, fließt zu wenig Energie durch die betreffende Körperseite, so dass diese Seite weniger aktiv ist. Ist das andere Nasenloch offen, wird der Energiestrom durch die entsprechende Körperseite gesteigert, so dass diese Seite überaktiv wird.

Ist die linke Seite blockiert und fließt der Atem nur durch das rechte Nasenloch, leiden wir an Schlafstörungen, Reizbarkeit, Hyperaktivität und Pitta- oder Vata-Problemen. Ist die rechte Seite blockiert und fließt der Atem nur durch das linke Nasenloch, sind Müdigkeit, Lethargie, Verdauungsstörungen, Kreislaufschwäche, Benommenheit und andere Kapha- oder Vata-Probleme die Folge.

*Wir können uns also mit der alternativen Atmung selbst behandeln.* Wenn wir müde oder erschöpft sind und wacher oder energischer sein wollen, betonen wir beim alternativen Atmen die Inhalation durch das rechte Nasenloch. Wenn wir nervös oder gestresst sind und uns entspannen wollen, betonen wir bei der alternativen Atmung die Inhalation durch das linke Nasenloch.

Die Neti-Kanne hilft uns, die Atmung durch beide Nasenlöcher sogar ohne Pranayama zu harmonisieren, weil sie beide Nasenlöcher öffnet. *Aber es ist sehr zu empfehlen, nach einer Nasenspülung ein paar Mal alternativ zu atmen, am besten bis zu fünfzehn Minuten lang, um die Wirkung der Spülung zu verstärken. Das gilt vor allem dann, wenn wir die Heilkraft der Atmung nutzen wollen.*

## Alternative Atmung und Meditation

Die alternative Atmung öffnet die Nasenlöcher, so dass wir tiefer atmen können. Zudem ermöglicht sie eine präzisere Steuerung des Atemstromes. Wir können die Luft im gewünschten Umfang durch ein bestimmtes Nasenloch einatmen – ähnlich wie beim Trinken durch einen Strohhalm –, aber wir können auch durch beide Nasenlöcher schneller und flacher einatmen.

Der Yoga legt großen Wert auf die alternative Atmung und verfolgt damit das Ziel, langsamer zu atmen und den Atem einige Zeit anzuhalten. Dadurch wird das Feuer des Atems angefacht, so dass es Körper und Geist reinigt.[16]

Da der Geist und die Atmung miteinander verbunden sind, beruhigt eine langsamere Atmung die Gedanken und fördert einen stillen, friedvollen, meditativen Zustand. Ist die Atmung ruhig, ist auch der Geist ruhig. Es ist schwer, den Geist direkt

---

[16] Genau genommen unterscheidet sich diese Yoga-Technik sehr vom bloßen „Atemanhalten". Man öffnet sich dabei auf einer tieferen geistigen Ebene einer höheren pranischen Kraft. Ich empfehle Ihnen nicht, einfach den Atem anzuhalten. Zuerst müssen Sie die Tiefatmung erlernen. Ein Yogalehrer kann Ihnen dabei helfen.

zu beeinflussen, aber es ist leicht, ihn durch die Atmung zu steuern. Denken Sie an dieses Geheimnis der Neti-Kanne und der Atmung, wenn Sie meditieren wollen.

## Die Reinigung der Nadis

Die alternative Atmung ist die Grundlage des *nadi shodhana*, der Reinigung der Nadis (der Ausdruck bezeichnet im Sanskrit auch die alternative Atmung selbst). Das Mantra *ram* (mit kurzem a) das die subtile Energie des Feuers enthält, verstärkt die Wirkung der Atmung durch das rechte Nasenloch. Das Mantra *vam* (ebenfalls mit kurzem a) enthält die subtile Energie des Wassers und steigert die Wirkung der Atmung durch das linke Nasenloch. Während der Atempause können Sie in Gedanken das Mantra *om* rezitieren.

Denken Sie das Mantra im Rhythmus mit der Atmung. Ein guter Anfang sind acht Silben während des Einatmens, acht während der Atempause und acht während des Ausatmens. Nach und nach können Sie die Phase des Ausatmens verlängern, bis sie doppelt so lang ist wie die Einatmung. Fortgeschrittene Yogis halten den Atem auch nach dem Ausatmen an; aber Sie sollten das nur unter der Aufsicht eines Lehrers probieren.

## Neti und Asanas

Asanas, die Energie in den Kopf und in die Nasengänge leiten, führen manchmal zu verstopften Nebenhöhlen, weil sie Schleim hineinbefördern. Das gilt für den Kopfstand, den Schulterstand und ähnliche Stellungen. Wenn Sie solche Asanas üben, ist die Neti-Kanne eine große Hilfe.

Am besten benutzen Sie die Kanne vor dem Üben, um den Kopf zu befreien, die Atmung zu vertiefen und die tieferen

Kanäle zu säubern. Auch nach dem Üben ist die Neti-Kanne nützlich, wenn Sie Blockaden oder Druck im Kopf spüren oder einfach die entschlackende Wirkung der Übungen unterstützen wollen. Das gilt nicht nur für Asanas, die auf den Kopf einwirken, sondern auch für jene, die ihre Wirkung in den Lungen oder an anderen Schleim bildenden Stellen entfalten.

## Die sechs Reinigungsmethoden des Hatha-Yoga

Der klassische Hatha-Yoga empfiehlt Methoden der inneren Reinigung *(shat-karma).* Dazu gehört auch *neti*, die Nasenspülung.[17] Das sind wichtige Hilfsmittel, um Schlacken aus dem Körper zu entfernen.

1. Die Reinigung des Magens *(dhauti)*
   Dafür benutzte man früher ein spezielles Tuch, das der Yogi schluckte. Das erfordert jedoch viel Geschick und Erfahrung. Sie können die gleiche Wirkung ohne Risiko erzielen, indem Sie entschleimende Kräuter und Therapien anwenden. Das therapeutische Erbrechen (*vamana*) ist die Hauptmethode des Ayurveda, um Kapha zu beseitigen, das sich in Form von Schleim im Magen angesammelt hat.
2. Die Reinigung des Dickdarms *(vasti oder basti)*
   Dafür benutzt man hauptsächlich Wasser und Kräutereinläufe. Das ist ein wichtiges ayurvedisches Mittel, um Vata zu entfernen, das sich im Darm in Form von Gas und Schlacken angesammelt hat. Im Ayurveda gibt es dafür eine ganze Serie von speziellen Einläufen.
3. Die Reinigung der Nase *(neti)*
   Diese Prozedur gibt es in zwei Formen. Bei der einen benutzt man ein Tuch *(sutra neti).* Wie beim *dhauti* braucht man

[17] Siehe *Hatha Yoga Pradipika* II.22-37.

dafür viel Geschick und Erfahrung. Versuchen Sie es nicht auf eigene Faust! Die zweite Technik ist die Spülung mit Wasser, wie ich sie in diesem Buch beschreibe. Damit kann man Giftstoffe oder überschüssige Doshas aus dem Kopf entfernen, vor allem Kapha (zu viel Schleim).

4. Die Reinigung der Augen *(trataka)*
   Dabei starrt man so lange einen bestimmten Punkt an, bis sich Tränen bilden. Kräuter oder ein wenig Zwiebelsaft, den man in die Augen träufelt, sind eine weitere Methode. Das stärkt nicht nur die Augen, sondern beseitigt auch Doshas aus ihnen, vor allem Pitta.
5. Die Anregung des Verdauungsfeuers *(nauli)*
   Im traditionellen Hatha-Yoga wird *agni*, das Verdauungsfeuer, durch spezielle Muskelkontraktionen in der Nabelgegend stimuliert. Verdauungsfördernde Kräuter und Gewürze wie Ingwer, Cayenne und schwarzer Pfeffer unterstützen diese Methode.[18] Die Anregung des Agni ist eine wichtige ayurvedische Therapie, weil alle Dosha-Disharmonien Verdauungsbeschwerden auslösen können.
6. Starkes Pranayama oder schnelle Tiefatmung *(kapalabhati)*
   Diese Technik besteht aus schnellem Ein- und Ausatmen, ähnlich wie der Blasebalg eines Hufschmieds. Diese Atmung öffnet die Nebenhöhlen und die Lungen und entfernt Kapha (Schleim) aus dem Körper. Das starke Pranayama ist auch nach der Nasenspülung zu empfehlen, und diese ist ihrerseits eine gute Vorbereitung auf Kapalabhati.

Diese sechs Yogatechniken lassen sich mit vielen natürlichen Entschlackungsmethoden verbinden, die heute so beliebt sind. Am einfachsten anzuwenden ist die Neti-Kanne. Die

[18] Ebenso die ayurvedische Arznei *Trikatu* (Ingwer, schwarzer Pfeffer und Langpfeffer).

Yogaschriften empfehlen, jede Krankheit, die Giftstoffe oder Doshas erzeugt, zuerst durch eine solche innere Reinigung zu behandeln. Das Ayurveda benutzt beim *Pancha-Karma* ähnliche Entgiftungsmethoden, nämlich Einläufe, therapeutisches Erbrechen und verschiedene Verfahren der Nasenreinigung. Das ist die notwendige Grundlage für eine Heilung oder Verjüngung.

# 7
# Neti und Ayurveda

Die ayurvedische Medizin kennt eine ganze Reihe von Therapien, bei denen die Nase, die Nebenhöhlen, der Kopf und der Hals im Mittelpunkt stehen. Wir können diese *nasyas* (abgeleitet vom Sanskritwort *nasa*, das Nase bedeutet) mit den modernen medizinischen Methoden vergleichen, aber sie werden auch zusammen mit anderen Therapien für den Körper und den Geist benutzt.

Die Neti-Kanne ist ein wichtiges Nasya-Hilfsmittel. Weitere Methoden sind medizinische Öle, die man mit einer Pipette ins Ohr träufelt, Kräuterpulver, die man „schnüffelt", Massagen der Nasengegend, Kopfmassagen und Dampftherapie. Diese anderen Verfahren können die Wirkung der Neti-Kanne verstärken.

## Die Neti-Kanne und die Doshas

Jedes der drei Doshas – Vata, Pitta und Kapha – profitiert auf seine Weise von Nasya- und Neti-Therapien. Die wichtigsten Gesichtspunkte zähle ich nachfolgend auf.

### *Die Neti-Kanne und Kapha*

Kapha sammelt sich als Schleim in Oberkörper an, und zwar vom Magen (wo dem Ayurveda zufolge am meisten Schleim entsteht) über die Lungen (wo Kapha überfließt) bis zum Kopf (wo Kapha Blockaden auslöst). Da die Nasya- und Neti-Therapien Schleim beseitigen, sind sie die Hauptmethoden, um Kapha-Beschwerden zu behandeln und Menschen vom Kapha-Typ gesund zu erhalten.

Alle Kapha-Typen sollten Nasya und Neti regelmäßig anwenden, um Kapha im Zaum zu halten und um gesund und vital zu bleiben. Das ist besonders wichtig bei Symptomen eines Kapha-Überschusses, zum Beispiel geschwollene Lymphdrüsen, Schleimhusten, Verstopfungen und Energiemangel. Krankheiten vom Kapha-Typ sind Erkältungen, Grippe, Allergien, Asthma und andere Beschwerden, bei denen sich viel Schleim bildet. Übergewicht gehört ebenfalls dazu, weil Kapha den Gewebeaufbau fördert, vor allem die Bildung von Fettgewebe. Da Nasya und Neti die Ausscheidung von Kapha unterstützen, sind sie bei allen diesen Krankheiten hilfreich.

### *Die Neti-Kanne und Vata*

Vata besteht aus Luft und Äther und ist daher am engsten mit Prana, der Lebenskraft, verbunden. Wenn die Nebenhöhlen verstopft sind, ist auch Prana, die positive Energie von Vata Dosha, blockiert und hemmt die gesamte Energieproduktion und den Kreislauf, aber auch die Kreativität, die Neugier, die Motivation und die Begeisterung. Um die positiven Aspekte von Vata zu fördern, wenden wir vor allem Nasya- und Neti-Therapien an.

Vata-Krankheiten betreffen unter anderem die Knochen, die Ausscheidung, die Nerven, das Gehirn und den Geist. Nasya und Neti sind wichtige Hilfsmittel, um solche Beschwerden zu behandeln. Sie stellen das körperliche und seelische Gleichgewicht wieder her und harmonisieren das Hormonsystem, das vom Prana gesteuert wird.

### *Die Neti-Kanne und Pitta*

Pitta strebt wie das Feuer nach oben und bringt Hitze, Entzündungen und Verspannungen in den Kopf und in die Augen. Die Pitta-Energie aus der Leber und dem Dünndarm

– das sind ihre wichtigsten Produktionsstätten – steigt oft zum Oberkörper und Kopf empor.[19] Mögliche Folgen sind Energiestaus, Bluthochdruck oder gar Schlaganfälle. Außerdem kann uns ein Pitta-Überschuss wütend und reizbar machen.

Zu den Pitta-Krankheiten gehören Entzündungen sowie Blut- und Infektionskrankheiten. Wenn wir die Energie im Kopf durch Nasya und Neti kühlen und Staus beseitigen, können wir diese Zustände heilen oder lindern und zugleich die Augen und das Sehvermögen schützen.

## Kräuter und Öle in der Neti-Kanne

Mit der Neti-Kanne können wir nicht nur Wasser, sondern auch Kräuter und Öle in die Nase einbringen. Vielen Menschen mag es sonderbar vorkommen, Kräutertee in die Nasenlöcher zu gießen; aber die Nasenschleimhaut kann die Wirkstoffe und die heilende Energie von Kräutern durchaus absorbieren.

Ayurveda behandelt Krankheiten grundsätzlich örtlich *und* ganzheitlich. Wenn Sie beispielsweise eine Wunde haben, tragen Sie eine Salbe auf und nehmen gleichzeitig eine Arznei ein, die Infektionen verhindert. Um den Dickdarm zu behandeln, machen Sie wahrscheinlich einen Einlauf und nehmen ein Abführmittel ein. Darum ist es auch sinnvoll, die Nebenhöhlen und den Kopf direkt mit Kräutern zu behandeln. An Ort und Stelle können die Kräuter stärker und schneller wirken, als wenn man Kräutertee trinken oder eine Kräuterpille schlucken würde.

Die Nase ist ein wichtiges Eingangstor für zahlreiche Kräutertherapien. Über die Nasenlöcher können wir alle Beschwerden des Kopfes, der Ohren, der Nase und des Halses sowie seelische Störungen behandeln. Es ist daher keine Überraschung, dass

---

[19] Pitta kann aber auch nach unten fließen und Hitze, Entzündungen und Infektionen im Unterleib auslösen.

ayurvedische Therapeuten den meisten Patienten Nasya empfehlen.

Mit der Neti-Kanne kann man dem Körper auch anregende und beruhigende Substanzen zuführen. In der Nase haben diese Stoffe eine stärkere Wirkung auf das Gehirn.

### *Öle in der Neti-Kanne*

Wenn die Nasengänge trocken sind, kann man dem Wasser der Neti-Kanne ein paar Tropfen natürliches Öl hinzufügen, um die Schleimhaut zu befeuchten und zu schützen. Am häufigsten wird Sesamöl verwendet, weil es viele Nährstoffe enthält, Schmerzen lindert von allen Ölen am besten absorbiert wird. Andere Öle, zum Beispiel Mandel-, Aprikosen-, Kokos- oder Olivenöl sind jedoch ebenfalls geeignet.

Träufeln Sie einen halben Teelöffel des natürlichen Öls ins Wasser der Neti-Kanne, und rühren Sie vorsichtig um, bevor Sie die Mischung ins Nasenloch gießen. Achten Sie darauf, dass kein Öl auf die Kleider oder den Boden tropft, und reinigen Sie die Neti-Kanne nach Gebrauch besonders gründlich.

Vielen Leuten fällt es leichter, das Öl mit einer Pipette direkt in die Nasenlöcher zu träufeln und die Nase später wie üblich zu spülen. Auf diese Methode gehe ich weiter unten näher ein.

Man kann Öle und Kräuter auch gleichzeitig ins Wasser der Neti-Kanne geben. In diesem Fall sollte man das Öl zusammen mit den Kräutern einige Minuten kochen, um ihre Eigenschaften zu vermischen, und dann ins Wasser rühren.

### *Kräutertees für die Neti-Kanne*

Die einfachste Methode besteht darin, einen Kräutertee zuzubereiten und mit dem Wasser in der Neti-Kanne zu vermischen. *Achten Sie aber darauf, dass der Tee nicht zu stark ist. Das gilt vor allem für Gewürzkräuter. Beginnen Sie mit einem schwachen Tee, zum Beispiel mit einem viertel Teelöffel Kraut auf eine Tasse Wasser. Später können Sie immer noch einen stärkeren Tee probieren.*

Sie können auch ein wenig Kräuterpulver ins warme Wasser der Neti-Kanne streuen und ein paar Minuten einwirken lassen. Die Partikel des Pulvers dürfen aber nicht so groß sein, dass sie die Nase reizen und Niesanfälle oder Beschwerden auslösen. Seihen Sie die Mischung im Zweifel lieber ab.

Eine dritte Methode besteht darin, einige Blätter eines aromatischen Krautes –wie Minze, Salbei oder Basilikum – in einer Tasse mit lauwarmem oder kühlem Wasser über Nacht einzuweichen, am besten in einem Kupfergefäß. Diesen kalten Aufguss wärmt man am Morgen ein wenig auf und gießt ihn in die Neti-Kanne.

## Reinigende und stärkende Therapien

Wir können die ayurvedischen Therapien grob in zwei Hauptgruppen einteilen: in reinigende und in stärkende Therapien. Reinigungstherapien beseitigen Giftstoffe und verringern überschüssiges Vata, Pitta oder Kapha. Auch die Neti-Kanne ist vor allem ein Instrument, das der Reinigung dient, und die anderen entgiftenden Nasya-Therapien verstärken ihre Wirkung.

Kräftigende (tonisierende) Therapien bauen entweder Gewebe auf oder verbessern die allgemeine Vitalität, was zugleich eine Stärkung des Immunsystems bedeutet. Auch hierbei leistet die Neti-Kanne gute Dienste, wenn man dem Wasser Kräuter oder Öle hinzufügt.

Die reinigenden Therapien gehen den stärkenden voraus, denn wir müssen zuerst Giftstoffe entfernen, bevor wir Gewebe neu aufbauen können.

## 1. Reinigende Therapien und die Neti-Kanne

Um die Nasengänge und Nebenhöhlen besser zu reinigen, mischt man Kräuter – vor allem würzige – ins Wasser der Neti-Kanne. Viele Kräuter wirken auch auf die Nerven, das heißt, sie regen das Gehirn und die Sinnesorgane an und lindern Benommenheit, Depressionen und geistige Erschöpfung. Andere Kräuter fördern das Ausscheiden von Schleim, verstärken die Schweißabsonderung oder regen den Kreislauf und die Durchblutung des Kopfes an.

### *Milde Gewürze und aromatische Kräuter*

Die besten reinigenden Kräuter sind milde Gewürzkräuter wie Salbei, Thymian, Basilikum, Grüne Minze und Pfefferminze. Andere durchdringend riechende und Schleim lösende Kräuter wie der Echte Alant und die Frucht der Wachsmyrte sind ebenfalls geeignet.

### *Tulsi (indisches Basilikum)*

Tulsi *(Ocinum sanctum)*, das indische Basilikum ist eines der besten Kräuter für das Gehirn, die Nerven und das Herz und wohl auch das beste Kraut für die Neti-Kanne. Yogis verwenden es, um ihre Hingabe zu stärken und die übersinnliche Wahrnehmung zu fördern. Es wirkt vorzüglich gegen Erkältungen, Grippe, Allergien und Nebenhöhlenbeschwerden.

### *Ingwer*

Dieses Gewürz wird in der ayurvedischen Nasya-Therapie wahrscheinlich am häufigsten verwendet. Ingwer ist ein sehr gutes Mittel, wenn die Sinne geschärft, die Wahrnehmungsfähigkeit des Gehirns verbessert und die Nebenhöhlen befreit werden sollen. Allerdings wirkt Ingwer wärmend oder sogar erhitzend und kann daher die Schleimhäute reizen. Nehmen Sie Ingwer zunächst in kleinen Mengen, entweder ein bisschen Pulver oder einen schwachen Aufguss, und seien Sie nicht überrascht, wenn Sie niesen oder schnäuzen müssen. Das kann ein gutes Zeichen sein – der Ingwer arbeitet daran, die Nasengänge zu befreien.

Ein anderes gutes Heilkraut für diesen Zweck ist Zimt. Auch Kardamom ist nützlich, jedoch nur als milder Tee. Muskat fördert den Schlaf.

### *Kalmus*

Das traditionelle Ayurveda verwendet hauptsächlich Kalmus *(Acorus calamus)*, um die Nebenhöhlen zu reinigen. Er wird auch vielen Nasya-Ölen beigefügt. Zu diesem Zweck können Sie ein wenig Kalmuspulver ins Wasser der Neti-Kanne streuen oder es mit einem milden Kalmustee mischen. Kalmus ist ebenfalls ein sehr gutes Mittel, wenn die Sinne geschärft, die Wahrnehmungsfähigkeit des Gehirns verbessert und die Nebenhöhlen befreit werden sollen. Man verabreicht ihn oft nach einem Schlaganfall, um das Sprachvermögen wiederherzustellen und die Nerven zu vitalisieren. Die amerikanische Gesundheitsbehörde empfiehlt Kalmus allerdings nicht für die innere Anwendung. Aber Sie brauchen keine Bedenken zu haben, wenn Sie ihn in die Neti-Mischung geben.

### *Kühlende Kräuter*

Neben den Gewürzkräutern, die vor allem wärmen sollen, kann man auch bittere und zusammenziehende (adstringierende) Kräuter ins Neti-Wasser mischen, um Hitze und Entzündungen im Kopf zu lindern und die Heilung der Nasenwege zu fördern. Einige dieser Bitterkräuter wirken auch auf die Nerven ein; sie öffnen, klären und beruhigen den Geist und die Sinne. Gute

Kräuter dieses Typs sind unter anderem Helmkraut, Hopfen und Gartenbalsamine.

Die meisten Gewürze wirken wärmend. Einige Kräuter und Gewürze, zum Beispiel Grüne Minze und Koriander, wirken jedoch auch leicht kühlend und eignen sich daher für die Behandlung von Entzündungen und als Sedativa. Noch stärkere Beruhigungsmittel wie Baldrian oder sein ayurvedischer Verwandter Jatamamsi *(Nardostachys jatamansi)* [20] sind ebenfalls nützlich, aber sie riechen und schmecken unangenehm, und manchen Leuten fällt es daher schwer, sie in die Nase zu träufeln.

### *Gotu Kola und Brahmi*

Gotu Kola (das asiatische Wassernabelkraut, *Centella asiatica*) ist wahrscheinlich das beste Kraut für die Nerven. Außerdem wirkt dieses bittere Kraut zusammenziehend. Sie können ein wenig Gotu Kola ins Wasser der Neti-Kanne streuen oder einen Tee hineinmischen. Gotu Kola kühlt und beruhigt die Sinne und den Geist.

Ein verwandtes Nabelkraut *(Bacopa monnieri)*, auch Brahmi genannt, ist sogar noch etwas wirksamer, aber nicht so leicht erhältlich. Man sagt der Wurzel eine verjüngende Wirkung (*rasayana)* nach. Sie vertieft die Meditation, stärkt das Gedächtnis und hemmt den Alterungsprozess. In der Neti-Kanne hat sie eine viel stärkere und schnellere Wirkung auf das Gehirn.[21]

---

[20] Jatamamsi stärkt das Gehirn und die Nerven. Baldrian wirkt eher beruhigend.

[21] Die Terminologie ist etwas verwirrend, denn manche Bücher über Ayurveda unterscheiden nicht zwischen Gotu Kola und Bacopa oder verwenden andere Bezeichnungen. Botaniker nennen *Centella asiatica* auch *Hydrocotyle asiatica*, während manche Autoren glauben, zwischen beiden bestehe kein Unterschied. In der Regel wirkt die Brahmiwurzel eher stärkend und das (apothekenpflichtige) Wassernabelkraut eher reinigend.

### *Sandelholz*

Ein sehr milder Aufguss aus Sandelholz (nicht Öl, sondern Holz oder Pulver) wirkt angenehm kühlend. Sie können es ins Neti-Wasser streuen, um den Geist, die Nerven und das Herz zu beruhigen oder Fieber, Entzündungen oder Hitze im Kopf zu lindern.

## 2. Stärkende Therapien und die Neti-Kanne

Für Menschen, die an trockenen Nasenschleimhäuten, Abmagerung oder Mangel an Körperflüssigkeiten leiden, ist ein Tonikum (Stärkungsmittel) angezeigt. Träufeln Sie ein wenig nahrhaftes Öl, zum Beispiel Sesamöl, in die Nasya-Mischung oder direkt in die Nasenlöcher.

Sie können dafür auch eine Heilpflanze verwenden, welche die Schleimhäute heilt. Am besten geeignet ist wahrscheinlich das Süßholz, das der Nase und dem Hals sehr gut tut. Verwenden Sie aber nur einen schwachen Aufguss. Ebenfalls geeignet – als schwacher Aufguss – sind die nordamerikanische Ulme (*Ulmus fulva),* der Echte Eibisch, der Beinwell (Beinwurz) und das ayurvedische Kraut Shatavari (indische Spargelwurzel, *Asparagus racemosa*). Sie lockern trockenen Schleim im Kopf, machen ihn flüssiger und erleichtern dadurch seine Ausscheidung.

### *Ayurvedische Nasya-Öle*

Das wichtigste Mittel im Rahmen der ayurvedischen Nasya-Therapie sind Öle wie Sesamöl, entweder für sich allein oder zusammen mit Kräutern. Ich habe bereits erwähnt, dass Sie Sesamöl und andere Öle in kleinen Mengen ins Neti-Wasser oder mit Hilfe einer Pipette auch direkt in die Nasenlöcher träufeln können. Oder geben Sie ein paar Tropfen auf den kleinen Finger, und reiben Sie das Öl behutsam in die Nasenlöcher. Das beseitigt Trockenheit und lindert Schmerzen und Reizungen – aber es kann auch eine Verstopfung verschlimmern, und darum ist es bei verstopfter Nase besser, kein Öl zu verwenden, es sei denn zusammen mit aromatischen Kräutern, die unerwünschten Nebenwirkungen vorbeugen.

Ayurveda verwendet für die Nasya-Therapie hauptsächlich „medizinisches Sesamöl“ *(siddha taila),* das mit Kräutern vermischt oder gekocht wird. Es gibt derzeit mehrere spezielle Nasya-Öle zu kaufen.

Um die Nasenlöcher zu reinigen, benutzt man würzige und aromatische Kräuter und Gewürze wie Kampfer, Eukalyptus, Minze, Kalmus und Ingwer in einer Ölbasis. Heilpflanzen wie Süßholz oder Shatavari sowie die traditionelle Mischung Anu Taila werden in Öl gekocht und bei schmerzenden oder trockenen Schleimhäuten verabreicht.

Diese Öltherapie *(snehana)* ist im Ayurveda sehr wichtig, vor allem bei Vata-Beschwerden.

### *Nasya-Öle und die Neti-Kanne*

Nasya-Öle sind noch einfacher anzuwenden als die Neti-Kanne. Wenn Sie zu irgendeinem Zeitpunkt des Tages die Nase behandeln müssen, brauchen Sie nur ein paar Tropfen Öl hineinzuträufeln. Manche Öle tropfen heraus oder lösen Niesreiz aus, aber mit einem Papiertaschentuch sind Sie gut dagegen gewappnet. Besonders empfehlenswert ist es, ein Nasya-Öl auf Reisen mitzunehmen. Sie können es ins Flugzeug oder auf den Flughafen mitnehmen, wenn die Neti-Kanne zu unhandlich ist.

Wer oft an verstopfter Nase leidet, sollte anstelle der Neti-Kanne besser ein Öl mit aromatischen Kräutern verwenden. Für trockene Schleimhäute gibt es spezielle Öle, und Sesamöl ist ebenfalls geeignet. Auch nach einer Nasenspülung ist ein

Nasya-Öl hilfreich, weil es die Wirkung der Spülung verstärkt und verlängert.

*Wann immer Sie daran denken, die Neti-Kanne anzuwenden, sollten Sie auch an ein Nasya-Öl denken. Beide Therapien sind eng miteinander verwandt und ergänzen sich gut.*

Es gibt verschiedene Nasya-Öle zu kaufen. Man bekommt sie meist in kleinen Flaschen mit einer Pipette.

## Neti und andere Therapien

### *Aromatherapie*

Wenn Sie würzige und aromatische Kräuter ins Neti-Wasser geben, ist das eine Art Aromatherapie. Aromatische Kräuter sind sehr wirksam, wenn die Nase oder die Nebenhöhlen verstopft sind. Gießen Sie aber nie ein ätherisches Öl ins Neti-Wasser, denn es kann die Schleimhäute stark reizen oder gar schädigen. Das gilt sogar für kühlende Aromaöle wie Sandelholz. Verwenden Sie stattdessen einen milden Aufguss der geschnittenen, durchgeseihten oder pulverisierten Pflanze.

Sie dürfen aber eine kleine Menge eines ätherischen Öls vor die Nasenlöcher tupfen, so dass Sie das Öl einatmen. Geeignet sind unter anderem Kampfer, Eukalyptus, Minze und Gaultherie.

Nach einer Nasenspülung ist es ebenfalls nützlich, ein wenig ätherisches Öl zu inhalieren, denn es öffnet die Nasengänge noch weiter. Tupfen Sie einen oder zwei Tropfen Öl unterhalb der Nasenlöcher auf die Haut, um die Wirkung der Spülung zu steigern. Natürliche, schmerzlindernde Salben wie Tiger Balsam oder ayurvedische, schmerzlindernde Öle mit aromatischen Kräutern sind ebenfalls geeignet.

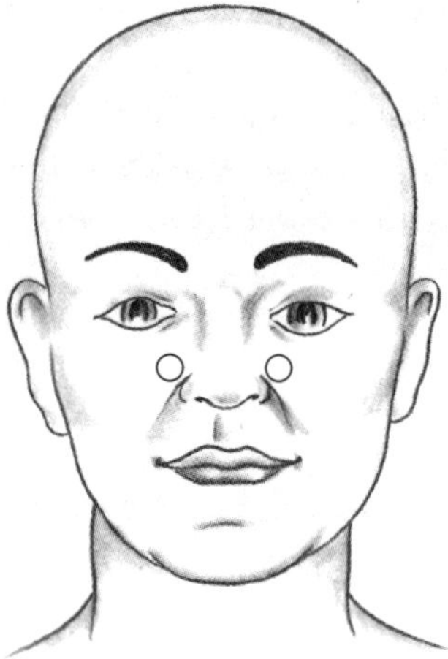

*phana marma*

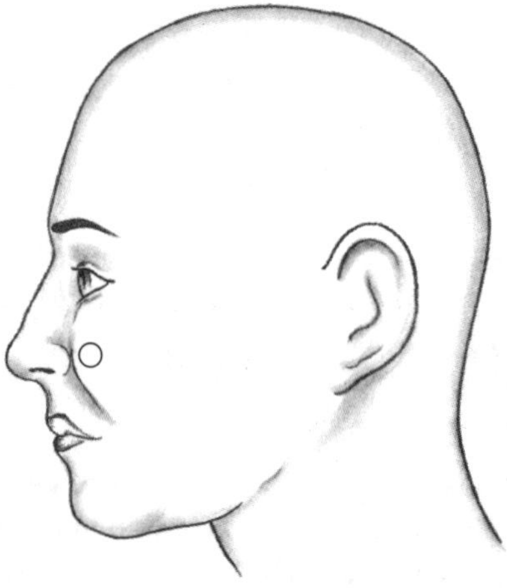

*shringataka marma*

### *Dampftherapie und heiße Umschläge*

Eine weitere wichtige Nasya-Therapie sind heiße Kompressen im Bereich der Nasenlöcher und Nebenhöhlen. Sie können eine kleine Menge eines würzigen ätherischen Öls – zum Beispiel Eukalyptus oder Gaultherie – auf die Kompresse träufeln oder ein wenig Ingwerpulver darauf streuen, um die Wirkung zu verstärken. Wenn Sie etwas Stärkeres brauchen, um die Nasengänge zu öffnen, legen Sie heiße Umschläge vor der Nasenspülung auf oder ersetzen die Spülung durch die Umschläge. Heiße Kompressen sind vor allem bei Nebenhöhlenbeschwerden hilfreich.

Eine andere Methode ist das Inhalieren von Dämpfen, besonders von Dämpfen aromatischer Heilpflanzen wie Ingwer, Minze oder Eukalyptus. Auch ätherische Öle können Sie dem verdampfenden Wasser in kleinen Mengen beigeben oder darin kochen. Seien Sie aber vorsichtig, denn ätherische Öle können das Gesicht röten und reizen. Um dem vorzubeugen, verreiben Sie ein wenig Sesamöl oder Kokosöl im Gesicht.

Ayurveda kennt viele Dampftherapien *(swedana)* dieser Art. Sie sind wichtige Entgiftungsmittel mit vielfältiger Wirkung.

### *Gesichtsmassage und Marma-Therapie*

Vor einer Nasenspülung ist eine Gesichtsmassage sehr zu empfehlen, vor allem wenn die Nasengänge oder Nebenhöhlen blockiert sind. Ayurveda rät, bestimmte Energiepunkte (*marmas*) am Körper zu massieren. Sie entsprechen in etwa den Akupunkturpunkten.

Der „Schlangenpunkt" *(phana marma)* liegt an den Nasenlöchern (siehe Abbildung links oben). Der wichtigste Marma ist etwa so groß wie eine Fingerspitze und liegt außen an den Nasenlöchern. Sekundäre Punkte befinden sich an der Seite der Nase bis hinauf zu dem Punkt, wo der Knochen sich mit dem Nasenknorpel verbindet. Sie können auf diese Punkte drücken oder sie sanft und kreisförmig oder von unten nach oben massieren.

Nützlich ist auch eine Massage über dem gesamten Nasenbein. Drücken Sie dabei auch sanft auf das Knorpelgewebe, am besten mit den Mittelfingern. Massieren Sie an beiden Seiten der Nasenlöcher gleichzeitig von unten nach oben und dann wieder abwärts. Drücken Sie eine Zeit lang behutsam, aber fest, und bewegen Sie die Fingerspitzen dabei auf und ab. Wenn Sie empfindliche Stellen entdecken, massieren Sie diese kreisförmig.

Der Bereich unter den Wangenknochen am oberen Rand der Zähne und des Kiefers ist ebenfalls eine günstige Stelle für Massagen. Er ist mit dem weichen Gaumen verbunden, und darum hilft die Massage, die Nebenhöhlen zu öffnen. Im Ayurveda heißt dieser Bereich *shringataka marma* (siehe Abbildung S. 78 unten). Massieren Sie vom unteren Ende der Nase abwärts und nach außen bis zu diesem Punkt unter dem Oberkiefer, und halten Sie den Druck dort eine Weile aufrecht.

Andere spezielle Marmas in der Augengegend sind die *apanga marma* in den äußeren Augenwinkeln. Sie helfen, Schleim aus den Nebenhöhlen hinter den Augen zu entfernen, und lindern Schmerzen in den Nebenhöhlen.[22]

### *Gurgeln*

Gurgeln und Halsspülungen sind eine wertvolle Ergänzung der Nasenspülung und aller Nasentherapien. Um den Kopf und den Hals noch gründlicher zu säubern, gurgeln Sie mit Wasser, in das Sie ein wenig Salz oder Heilpflanzen – zum

[22] Mehr über diese Marmas und deren Massage lesen Sie in Frawley, Ranade und Lele, *Ayurveda and Marma Therapy.*

[23] Kurkuma (Gelbwurz) enthält einen starken gelben Farbstoff. Achten Sie also darauf, dass das Gewürz nicht auf die Kleidung gelangt!

Beispiel Kurkuma[23] oder Wachsmyrte –, milde Gewürze oder adstringierende Kräuter mischen.

Gurgeln ist nicht nur bei Halsentzündung hilfreich, sondern auch bei gereiztem Hals, Laryngitis oder trockenem Hals. Bei Trockenheit verwenden Sie am besten Sesamöl oder Süßholz.

Alle diese Maßnahmen helfen, Schleim aus dem Hals und aus den Nebenhöhlen zu entfernen. Probieren Sie diese Methoden aus, wenn die Nase so stark verstopft ist, dass die Neti-Kanne nicht hilft. Sobald die Nasengänge etwas freier sind, können Sie die Nase spülen.

### *Augenbäder*

Im Ayurveda gibt es auch eine ganze Reihe von Augenbädern (*netra basti*). Schlichtes kühles Wasser ist ebenfalls geeignet, ebenso eine milde Kräutermischung oder Rosenwasser. Man gießt oder träufelt die Flüssigkeit behutsam in die Augen. In der westlichen Kräuterheilkunde verwendet man hierfür vor allem Augentrost und Chrysanthemum. Verwenden Sie keine würzigen oder wärmenden Kräuter oder Kräuteröle, denn sie können die Augen stark reizen. Ätherische Öle – auch Sandelholz – sind ebenfalls ungeeignet, denn auch sie reizen die Augen.

Ein wenig Sesamöl oder Ghee (geklärte Butter, unser altes Butterschmalz) tut den Augen gut. Geben Sie es direkt in die Augen, oder tragen Sie es auf die Lider und die Augengegend auf. Ghee ist für diesen Zweck am besten geeignet, weil die Augen es besonders gut vertragen.

Diese Augenreinigung ist eine gute Ergänzung der Nasenspülung und anderer Nasya-Therapien. Sie lindert Augenbeschwerden und hilft, die Nebenhöhlen hinter den Augen zu befreien.

# 8
# Neti bei einigen häufigen Krankheiten

Die Neti-Kanne hilft bei vielen Gesundheitsproblemen. Wenn Sie spezielle Kräuter und Öle ins Wasser mischen wollen, brauchen Sie allerdings in der Regel den Rat eines Therapeuten.

Nachfolgend erörtere ich eine Reihe von häufigen Krankheiten und Beschwerden, bei denen die Neti-Kanne und andere Nasya-Therapien besonders hilfreich sind. Diese Methoden heilen die Krankheit nicht immer, aber sie lindern auf jeden Fall die Symptome und ergänzen die heilenden Verfahren hervorragend. Wenn Sie sich über die Behandlung einer Krankheit informieren wollen, finden Sie in der ayurvedischen Literatur genauere Hinweise.[24]

## Septumdeviation

Viele Menschen werden mit einer Verbiegung der Nasenscheidenwand geboren. Bei ihnen ist die Atmung durch ein Nasenloch behindert. Oft ist ein Nasenloch ständig um mehr als siebzig Prozent blockiert. Das kann zu weiteren Beschwerden und einem allgemeinen Ungleichgewicht im Körper führen. Die Nasenspülung ist hier sehr wichtig, um beide Nasenlöcher zu öffnen. Bei einer geringfügigen Blockade kann eine regelmäßige Anwendung der Neti-Kanne eine Operation – die Nebenwirkungen hat – überflüssig machen.

---

[24] Zum Beispiel in Frawley, *Das große Ayurveda Heilungsbuch.*

## Nasenpolypen

Die Neti-Kanne kann helfen, Nasenpolypen zu beseitigen, weil sie die Schleimhaut der Nase heilt und die Durchblutung verbessert. Bestimmte Kräuter unterstützen diese Wirkung, und einige sind sogar imstande, Polypen zum Schrumpfen zu bringen.[25]

## Schnupfen und Grippe

Nasenspülungen, vor allem mit Gewürzen wie Ingwer in kleinen Mengen, sind eine gute Therapie bei leichten Erkältungen und bei Grippe. Sie wirken hervorragend bei verstopften Nasengängen, solange die Erkältung nicht zu schwer ist. Trinken Sie zusätzlich Kräutertees, zum Beispiel Ingwer und Zimt.

Die Neti-Kanne unterstützt auch die Behandlung bei Husten, vor allem wenn der Husten auf akute oder chronische Verschleimung im Hals zurückzuführen ist.

## Lymphdrüsenschwellung

Die Nasenspülung entfernt Schleim aus dem Kopf und verbessert die Durchblutung. Dadurch wird das gesamte Lymphsystem gereinigt, besonders im Kopf, im Hals und im Brustkorb. Bei geschwollenen Rachenmandeln im Kindesalter hilft sie ebenfalls.

---

[25] Vata-Polypen sind auf Trockenheit und Reizung in der Nase zurückzuführen. Man behandelt sie mit Öl – z. B. Sesamöl – und mit lindernden und stärkenden Kräutern. Die Ursache der Pitta-Polypen sind Entzündungen und Hitze im Kopf; sie verlangen eine kühlende Therapie. Kapha-Polypen, die am häufigsten vorkommen, werden von schlechter Durchblutung und Schleim verursacht. Man behandelt sie mit anregenden und entgiftenden Kräutern und Nasya-Therapien.

## Nebenhöhlenallergie

Die Nasenspülung ist eine der besten Therapien bei Nebenhöhlenallergien aller Art. Am wirksamsten ist sie in der nichtakuten Phase der Krankheit als vorbeugende Maßnahme. In akuten Phasen kann man die Neti-Kanne ebenfalls benutzen, braucht dafür aber mehr Fachkenntnisse.

Wenn die Nasengänge frei bleiben, kann der Körper die Pollen und Schadstoffe leichter beseitigen, die Allergien verursachen oder verschlimmern. Wenn die Allergiesaison kurz bevorsteht, sollten Sie sich durch regelmäßige Nasenspülungen darauf vorbereiten. Während der Saison kann die Neti-Kanne Sie vor Pollen schützen.

## Asthma

Asthmatiker müssen die Nasengänge von Allergenen, Reizstoffen und anderen schädlichen Substanzen befreien, vor allem wenn die Krankheit auf eine Allergie zurückzuführen ist. Die Neti-Kanne ist dabei eine vorzügliche Hilfe. Asthmatiker sollten sie regelmäßig benutzen, obwohl sie die anderen Therapien nicht ersetzen kann.

## Kopfschmerzen

Die Nasenspülung ist eine gute vorbeugende Maßnahme gegen schmerzende Nebenhöhlen. Manchen Menschen hilft sie auch bei Migräne und anderen Arten von Kopfschmerzen, denn sie verbessert die Durchblutung des Kopfes. Kräuter wie Ingwer und Kalmus unterstützen die Wirkung.

## Verdauungsstörungen

Dem Ayurveda und dem Yoga zufolge ist Prana, die Lebenskraft im Atem, auch die Grundlage des Verdauungsfeuers und der

Fähigkeit zu essen. Ist das Prana schwach, leiden auch der Appetit und die Verdauung darunter. Eine bessere Atmung sorgt für stärkeres Prana und nützt daher auch der Verdauung. Wer an Verdauungsstörungen leidet, sollte daher die Neti-Kanne als zusätzliches Hilfsmittel benutzen, vor allem bei geschwächten Atemorganen.

Eine Verschleimung des Kopfes geht oft mit einer Ansammlung von Giftstoffen im Verdauungskanal einher.[26] Ist der Kopf verschleimt, sammelt sich häufig auch im Verdauungssystem Schleim an, und meist befindet sich ein dicker, schleimiger Belag auf der Zunge. Wenn zudem die Nasengänge verstopft sind, hängen beide Probleme möglicherweise zusammen und die Behandlung des einen unterstützt die Behandlung des anderen Problems.

## Verstopfung

Die Lungen und der Dickdarm hängen nach Auffassung der ayurvedischen und der chinesischen Medizin miteinander zusammen. Wenn die Nasengänge blockiert sind, kann daher auch der Dickdarm erschlaffen. In diesem Fall fördert die Neti-Kanne auch die Ausscheidung.

## Übergewicht

Ich habe bereits erwähnt, dass die Neti-Kanne auch bei Übergewicht gute Dienste leistet. Sie regt die Verdauung und den Kreislauf an und entfernt Schleim, Wasser und überflüssiges Fett aus dem Körpergewebe. Am besten mischen Sie einige anregende Heilpflanzen ins Neti-Wasser, zum Beispiel Ingwer,

[26] Im Ayurveda wird der Verdauungstrakt *ama* genannt.

Zimt oder Kalmus, um die Fettverbrennung anzukurbeln. Nasenspülungen verringern das Gewicht zwar nicht unmittelbar, aber sie können die anderen Maßnahmen unterstützen.

## Akne und andere Hautkrankheiten

Nasenspülungen fördern die Durchblutung der Haut und sind daher nützlich bei Ausschlägen und anderen Hautproblemen im Gesicht und am Hals. Verschleimung ist eine häufige Ursache der Akne, und da die Neti-Kanne Schleim entfernt, kann sie auch Akne lindern. Trockene Nasengänge gehen oft mit trockener Kopfhaut einher. Darum können die Neti-Kanne und Nasya-Öle bei diesem Problem ebenfalls helfen.

## Arthritis

Arthritis entsteht, wenn der Kreislauf schwach ist und Giftstoffe sich in den Knochen ansammeln. Nasenspülungen fördern den Pranastrom im Nervensystem und im Skelett und sind deshalb eine nützliche Hilfe, wenn auch keine eigentliche Therapie.

## Herzkrankheiten

Nasenspülungen stärken den Kreislauf und beseitigen Schleim und Plaque (auch er ist eine Art Schleim) aus den Atemorganen und Arterien. Darum sind sie eine wichtige Hilfe für Herzkranke, vor allem in Verbindung mit der Tiefatmung (Pranayama).[27] Da Herz und Geist nach yogischer Auffassung

[27] Ayurvedische Kräuter wie Arjuna (Myrobalanenfrüchte, *Terminalia arjuna)* und Guggul (indische Myrrhe, *Commiphora mukul)* helfen ebenfalls.

zusammenhängen, sollten Sie auch andere Yogamethoden anwenden, zum Beispiel die Meditation.

## Schlafstörungen

Schlafstörungen können mit verstopften Nebenhöhlen zusammenhängen, denn eine schlechte Atmung verhindert den Tiefschlaf. In solchen Fällen kann eine Nasenspülung vor dem Zubettgehen eine wichtige Hilfe sein. Man muss die Neti-Kanne aber mindestens einen Monat lang anwenden, um eine spürbare Wirkung zu erzielen. Manche Schlafstörungen sind auf Atemstillstand (Apnoe) während des Schlafs zurückzuführen. Die Folge ist Herzklopfen, das den Betroffenen weckt. Hier ist die Neti-Kanne ebenfalls nützlich. Schnarchen ist ein weiteres Problem, das Nasenspülungen lindern können. Wenn die Nasengänge frei sind, ist Schnarchen weniger wahrscheinlich, denn beim Schnarchen atmen wir ja durch den Mund.

## Immunschwäche

Da Nasenspülungen die Atmung und die Lebenskraft stärken und die Nasengänge vor Krankheitserregern schützen, können sie auch ein schwaches Immunsystem anregen. Ein weiteres wichtiges Hilfsmittel ist Pranayama, die Yoga-Atmung, denn auch sie stimuliert die Immunreaktion. Jeder, der an einer leichten oder stärkeren Immunstörung leidet, sollte yogische und ayurvedische Methoden zumindest zur Unterstützung der eigentlichen Therapie nutzen.[28]

[28] Viele ayurvedische Kräuter sind ebenfalls nützlich, zum Beispiel Ashwaganda (Winterkirschenwurzel, *Withania somnifera),* Shatavari und Guduci (Guduchiwurzel, *Tinospora cordifolia).*

## Chronische Müdigkeit und Energiemangel

Das chronische Müdigkeitssyndrom und viele ähnliche Energiemangelzustände sind meist auch auf schlechte Atmung und verstopfte Nasengänge zurückzuführen. Die regelmäßige Anwendung der Neti-Kanne und Pranayama können daher eine wichtige Unterstützung der Therapie sein, denn mehr Prana bedeutet mehr Energie, und das ist immer nützlich.

## Genesung

Ich habe bereits erwähnt, wie wichtig Nasenspülungen für Genesende und Bettlägerige sind, die sich nur wenig bewegen können und daher schlaff werden. Bei ihnen sammelt sich häufig Schleim im Kopf an. Die Neti-Kanne kann bei fast jeder Krankheit helfen, weil sie die Lebenskraft stärkt, vor allem bei Krankheiten des Kopfes, der Lungen und des Herzens.

## Nervenstörungen

Da Nasenspülungen die Durchblutung des Kopfes, des Gehirns und des Nervensystems verbessern, lindern sie alle Nervenstörungen und eignen sich besonders gut für Patienten, die einen Schlaganfall hatten. Sie helfen ihnen, bestimmte Fähigkeiten wie das Sprachvermögen wiederzugewinnen, denn sie regen nicht nur die Nerven, sondern auch die Bewegungs- und Sinnesorgane an. Ebenfalls wirksam sind Nasenspülungen bei Gürtelrose, beim temporomandibularen Gelenksyndrom und bei anderen schmerzhaften Nervenkrankheiten des Kopfes.

## Seelische Störungen

Hier gilt dasselbe wie bei den Nervenstörungen: Da Nasenspülungen die Durchblutung des Gehirns und des Nervensystems verbessern, lindern sie auch seelische Probleme, vor allem bei Benommenheit, Depressionen und Angst. Es ist schwer, klar zu denken, ruhig und glücklich zu sein, oder Stress zu bewältigen, wenn die Nasengänge blockiert sind und die Atmung behindert ist. Andere Yogamethoden, zum Beispiel Mantras und Meditation, sind bei seelischen Störungen ebenfalls sehr nützlich.

### Depressionen

Depressionen hängen oft mit einem schlechten Energiekreislauf im Gehirn und in den Sinnesorganen zusammen oder werden sogar von ihm verursacht. Nasenspülungen können hier eine große Hilfe sein. Sie sind gewiss einfacher anzuwenden und billiger als viele Antidepressiva, die heutzutage den Markt überschwemmen. Es ist vernünftig, zuerst die Nasengänge zu untersuchen, um herauszufinden, ob Atemschwierigkeiten eine Mitursache der Depressionen sind.

### Angst

Angst hängt oft mit Atembeschwerden oder mit dem Atmen durch den Mund zusammen. Wenn wir die Nasengänge durch Spülungen befreien, lassen die Angstzustände häufig nach. Achten Sie also auf Ihre Atmung, wenn Sie ängstlich sind.

## Schlussbemerkungen

Die Neti-Kanne ist zwar kein Allheilmittel, aber es gibt eine Reihe von Krankheiten und Beschwerden, die sie lindern kann. Und sie ist selbstverständlich immer ein nützliches Hilfsmittel, um Krankheiten vorzubeugen und die Gesundheit, die Vitalität und die Bewusstheit zu stärken. Nasenspülungen können Antibiotika überflüssig machen und uns vor unnötigen Arztbesuchen bewahren. Die Neti-Kanne ist ein wundervolles Instrument, das uns hilft, die Gesundheit in die eigenen Hände zu nehmen, tiefer zu atmen und dadurch unser ganzes Leben zu verbessern.

Denken Sie daran, dass diese einfachen Methoden auch eine langfristige Wirkung haben, die ebenso wichtig sein kann wie eine komplexe Therapie und detaillierte medizinische Maßnahmen. Möge dieses kleine Gerät Ihnen zu Gesundheit, Energie und Bewusstheit verhelfen!

# Glossar

**Agni** – Das Verdauungsfeuer

**Alternierende Nasen-Atmung** – Eine Atemübung des Yoga. Man atmet abwechselnd durch das rechte und linke Nasenloch ein, wobei man das andere zuhält.

**Asanas** – Yogastellungen

**Ayurveda** –Traditionelle indische Medizin, die Yoga-Medizin

**Chakras** – Subtile Energiezentren im Körper

**Doshas** – Primärkräfte oder „Säfte" im Ayurveda

**Hatha**-Yoga – Wichtigstes Yogasystem für die Arbeit mit dem materiellen Körper

**Ida** – das linke (lunare) Nasenloch

**Kapha** – eines der drei Doshas: Wasser

**Kundalini** – Subtile Energie („Schlangenkraft"), die durch fortgeschrittene Yogaübungen freigesetzt werden kann

**Mantra** – Silbe, die durch ihre Energie heilen kann

**Marmas** – Ayurvedische Energie- und Druckpunkte

**Nadi** – Subtiler Kanal durch den Prana fließt; vergleichbar mit den Meridianen

**Nadi Shodhana** – Reinigung der Nadis; eine andere Bezeichnung für die alternierende Nasen-Atmung

**Nasa** – Sanskrit für Nase

**Nasenspülung** –Säuberung der Nasengänge mit Wasser

**Nasya** – Nasentherapien in der ayurvedischen Medizin

**Nasya-Öl** – Öl aus der ayurvedischen Medizin, das man in die Nase träufelt, meist mit einer Pipette. Es besteht aus Sesamöl mit Kräutern und Gewürzen.

**Neti** – Reinigung der Nasengänge, in der Regel mit Wasser

**Pancha Karma** – Ayurvedische, fünffache Entgiftungsmethode mit Einläufen, Abführmitteln, therapeutischem Erbrechen, Nasentherapien und therapeutischem Aderlass

**Pingala** – das rechte (solare) Nasenloch

**Pitta** – eines der drei Doshas: Feuer
**Prana** – die Lebenskraft, die Energie des Atems
**Pranayama** – Yoga-Atemübungen
**Snehana** – Ayurvedische Öltherapie
**Swedana** – Ayurvedische Dampftherapie
**Taila** – Ayurvedisches, medizinisches Öl
**Tonisierende Therapie** – Eine Therapie, die das Körpergewicht, die Kraft und die Vitalität steigert
**Tulsi** – das indische Basilikum, im Ayurveda ein wichtiges Heilkraut in der Nasentherapie
**Vata** – eines der drei Doshas: Luft und Äther
**Vayu** – Kosmisches Luft-Element und die universelle Lebenskraft
**Yoga** – System, das den einzelnen Menschen mit dem universellen Bewusstsein vereinigen will.

## Wichtige Anschriften und Bezugsquellen

Eine Liste mit weltweiten Adressen, zusammengestellt von Dr. David Frawley, finden Sie unter der Internet-Adresse **www.windpferd.de** beim Titel dieses Buches: „Neti – Heilgeheimnisse des Yoga und Ayurveda".

**Eine große Auswahl an Bezugsadressen** finden Sie unter den Sichtworten „Neti", „Nasenspülkännchen", „Yoga-neti-Kanne" etc. im Internet.
Die auf Seite 42 unten rechts abgebildete Variante erhalten Sie bei **www.schangrila.de**

# Literaturverzeichnis


Chopra und Simon: *The Seven Spiritual Laws of Yoga*, Hoboken, John Wiley and Sons, 2004 (deutsch: *Die sieben geistigen Gesetze des Erfolges*, München, Ullstein 1998)

Frawley, David: *Ayurvedic Healing: A Comprehensive Guide*, 2. Aufl., Twin Lakes, Lotus Press 2001 (deutsch: *Das große Ayurveda Heilungsbuch*, München, Droemer Knaur 2001)

Frawley, David: *Yoga and Ayurveda: Self-Healing and Self-realization*, Twin Lakes, Lotus Press 1999 (deutsch: *Das große Handbuch vom Yoga und Ayurveda*, Aitrang, Windpferd 2001)

Frawley und Kozak: *Yoga for Your Type: An Ayurvedic Guide to Your Asana Practice*, Twin Lakes, Lotus Press 2001 (deutsch: *Yoga für Ihren Typ*, Aitrang, Windpferd 2003)

Frawley, Ranade und Lele: *Ayurveda and Marma Therapy: Energy Points in Yogic Healing*, Twin Lakes, Lotus Press 2001

Frawley und Lad: *The Yoga of Herbs*, Twin Lakes, Lotus Press 1986 (deutsch: *Die ayurwedische Pflanzen-Heilkunde*, Aitrang, Windpferd 2000)

Iyengar, B. K. S.: *Light on Pranayama*, New York, Crossroad 1998

Joshi, Sunil: *Ayurveda and Pancha Karma*, Twin Lakes, Lotus Press 1997

Lad, Vasant: *Ayurveda, The Science of Self-healing*, Twin Lakes, Lotus Press 1984

Patanjali: *Yoga Sutras*

Rama, Ballentine und Hymes: *Science of Breath*, Honesdale, Himalayan Institute Press 1998

Shivananda, Swami: *The Science of Pranayama*, Tehri-Garhwal, Divine Life Society 1978

Svatmarama: *Hatha Yoga Pradipika*

Vishnudevananda: *Complete Illustrated Book of Yoga*

Smith, Atreya: *Prana, The Secret of Yogic Healing*, York Beach, Samuel Weiser 1996

# Der Autor

Dr. David Frawley (Pandit Vamadeva Shastri) ist ein weltweit anerkannter Lehrer des vedisches Wissens, In den vergangenen dreißig Jahren arbeitete er auf den miteinander verbundenen Gebieten des Yoga, des Ayurveda und der vedischen Astrologie. Er hat mehr als dreißig Bücher zu diesen Themen geschrieben und zahlreiche Schüler ausgebildet. Derzeit ist er Direktor des Amerikanischen Instituts für vedische Studien in Santa Fe.

Das Amerikanische Institut für vedische Studien ist ein Bildungs- und Forschungszentrum, das Kurse abhält, Bücher veröffentlicht und alle unterstützt, die tiefer in die vedische Überlieferung eindringen wollen. Das Institut bietet mehrere Lehrprogramme an: einen Grundlagenkurs in ayurvedischer Medizin, einen Kurs über Yoga und Ayurveda für Fortgeschrittene, einen Grundlagenkurs in vedischer Astrologie und eine Tutorenausbildung für Fortgeschrittene. Einige Organisationen in den USA, in Europa und in Indien sind dem Institut angeschlossen. Weitere Informationen finden Sie auf unserer Webseite und in unserem Newsletter.

American Institute of Vedic Studies
PO Box 8357, Santa Fe NM 87504-8357, USA
Direktor: Dr. David Frawley (Pandit Vamadeva Shastri)
Telefon: 001-505-983-9385
Telefax: 001-505-982-5807
Internet: www.vedanet.com
E-Mail: **vedicinst@aol.com**

Narayan Chöyin Dorje

## Das Yoga-Neti-Handbuch

**Das traditionelle System der Nasenspülung**

**Lebensenergie durch freies Atmen**

Aus dem Alten Indien stammen – wie auch der Ayurveda – besondere Reinigungstechniken, die zur Vorbereitung für YOGA dienen. Jala Neti ist eine verblüffend einfache und wirkungsvolle Methode, die unglaublich wohltuend wirkt. Hier verbinden sich die Heilkräfte von Salz und Wasser zu einem atemberauschenden System. Prana, der kosmischen Lebensenergie, wird damit der Weg frei gemacht, denn Prana wird insbesondere über den Atem aufgenommen.
Mit diesem Buch erfahren Sie nicht nur alles über die verschiedenen Techniken der Jala-Neti-Nasenspülung, sondern lernen auch einiges über die yogische Lebensweise, denn der Atem spielt in der indischen Spiritualität eine wichtige Rolle. Mit einfachen und wirksamen Techniken können Sie die Energie des Atems und des feinstofflichen Körpers direkt erfahren – und dabei in eine neue Dimension des Erlebens eintauchen.

128 Seiten · ISBN 3-89385-451-7

www.windpferd.de

David Frawley · Sandra Summerfield-Kozak

## Yoga für Ihren Typ

**Das große Yoga-Praxisbuch**

**Asanas im Einklang mit Ayurveda**

Yoga-Asanas und Ayurveda in einer gelungenen Kombination. 75 der meistgeübten Asanas und über 275 Fotos machen dieses Buch zu einem einzigartigen Kompendium, fotografiert wurden weltweit anerkannte Yoga-Lehrer

304 Seiten · ISBN 3-89385-410-X

www.windpferd.de